Alfred Behr

Blick zurück – in Liebe

Meine Erlebnisse in russischer Gefangenschaft

Im Sternberg-Verlag bei Ernst Franz · Metzingen Württ.

Die Deutsche Bibliothek - CIP-Einheitsaufnahme
Ein Titeldatensatz für diese Publikation ist bei
Der Deutschen Bibliothek erhältlich.

Metzingen: Sternberg Verlag bei Ernst Franz, 2002

ISBN 3-87785-028-6

Umschlagentwurf: Rolf Ziegler
Grafische Gestaltung: Atelier Arnold, Dettingen
Herstellung: Heinzelmann Druck-Service, Metzingen
Printed in Germany

Inhalt

Vorwort

»Ein weiteres Buch über russische Gefangenschaft? – Wen wird das nach einem halben Jahrhundert noch interessieren?«

Das fragten nicht nur die angeschriebenen Verleger. Das fragte ich mich vor allem selber – bevor ich noch zu schreiben begann. Aber meine noch überlebenden Kameraden – es ist noch etwa ein halbes Dutzend – drängten mich sehr: »Das solltest du festhalten!« Ebenso andere Schicksalsgenossen aus jener Zeit. Kam man gelegentlich ins Gespräch mit anderen ehemaligen »Wojna Plennis«, Kriegsgefangenen in Rußland, dann wollten die mir oft nicht glauben, daß wir in Gefangenschaft »Rubel verdient« haben. Schon gar nicht wollte man mir abnehmen, daß es in unserem Lager – allerdings erst 1949 – eine »Krankenversicherung« gab. »Siehst du«, sagen meine Kameraden, »wir sind die letzten, die das noch bezeugen können!«

Eine andere Überlegung gab schließlich den Ausschlag für dieses Buch: Wider alle Erwartung und zu meinem eigenen Staunen wurde es mir möglich, nach 1990 Verbindung aufzunehmen zu Menschen in und um Leningrad. Es war die Zeit der »Perestroika« unter Gorbatschow. Bis dahin galt für mich der Grundsatz: »Keine müde Mark trage ich zu dieser Saubande hinüber!« Kameraden berichteten mir zwar und belegten es mit eigenen Fotos: Man kann tatsächlich die Sowjetunion bereisen und, unter Schwierigkeiten zwar, aber immerhin, man kann sogar die alten Plätze unserer Lager aufsuchen. Da aber alles über das staatliche »Inturistbüro« laufen mußte, da ich auch immer wieder hörte, wie kleinlich die Touristen bewacht, überwacht und gelenkt wurden, hielt sich meine Neugier in engen und beherrschbaren Grenzen.

Im Jahre 1990 ergriff ich, zusammen mit meinem Bruder,

kurz entschlossen die Möglichkeit eines Besuchs in Moskau und Leningrad. Dort angekommen erlaubte man mir widerspruchslos, mich von der Reisegruppe für einige Tage zu entfernen. Die Reiseleiterin selbst besorgte mir sogar einen privaten Chauffeur, Boris Gennings, der mich hinkutschierte, wohin ich wollte. Erst mal ging es nach Krasnoje Selo. Den Lagerplatz fanden wir zwar nicht, aber Menschen, die uns überaus freundlich Auskunft gaben. In einer Parkanlage traf ich einen älteren Herrn mit vielen Kriegsauszeichnungen auf der Brust. Ich ging auf ihn zu, stellte mich vor als ehemaligen Kriegsgefangenen – weiter ließ er mich gar nicht reden. Er sprang auf, drückte mich kräftig an seine Brust, so daß mir schon bange wurde. »Brüderchen, wie schön, daß du als Gast zu uns kommst! Sei herzlich willkommen!« Und mit Tränen in den Augen: »Wie konnten wir nur aufeinander schießen! Wir sind doch keine Feinde; wir sind doch Brüder!« Ein herzliches, längeres Gespräch schloß sich an. Am Schluß bat er mich um ein »Pamiatnik«. Er sah einen Kuli in meiner Hemdentasche. Ob ich den wohl sehr nötig hätte? Er wünschte ihn als »Andenken« mit der Versicherung, er werde täglich an mich denken. Warum habe ich nur seine Adresse nicht erbeten! Hätte ich doch geahnt, wie oft ich in den folgenden Jahren Krasnoje Selo besuchen werde! Zum ersten Mal nach 41 Jahren erlebte ich wieder diese tiefe Herzlichkeit und Menschlichkeit, die mich früher schon so oft fasziniert hatte. Und, was mich selbst am meisten erstaunte: mein Russisch war wieder voll da, obwohl ich über vier Jahrzehnte keine Gelegenheit hatte, russisch zu sprechen.

Das Lagergelände fanden wir in Krasnoje Selo zwar nicht, dafür aber fanden wir in Krasnoje Mysa das Gebäude, das damals unser Lager war. In Sestrorezk stießen wir auf die Fabrikhallen, in denen wir untergebracht gewesen waren – und das »rote Haus«, in dem ich wochenlang als »Pisar«, als Schreiber, beschäftigt war. Überall traf ich auf freundliche Menschen, die sich freuten, daß ein ehemaliger Kriegsgefangener, »einer von denen, denen es doch so schlecht bei uns ging«, hierher zurückkam. Ich »testete« bewußt auch Offiziere und Polizisten, indem ich mich ihnen vorstellte und sie um Auskunft bat. Überall dieselbe Freundlichkeit und Hilfsbereitschaft. – Da wuchs langsam in mir der Wunsch, näheren Kontakt mit diesen Menschen zu bekommen.

Und dieser Wunsch erfüllte sich dann zu Beginn des Jahres 1992. Die »Internationale Gesellschaft für Menschenrechte« (IGFM) in Frankfurt/Main, der ich von Anfang an als zahlendes Mitglied angehöre, schrieb in ihrem Nachrichtenblatt: »Große Not in Leningrad! Alle Magazine leer gefegt!« Aber man könne Lebensmittelpakete über die IGFM bestellen für kinderreiche Familien oder für alte Leute zum Preis von 120 DM. Es käme dann von Rußland die Empfangsbestätigung. – Für mich war klar, da bestelle ich einige Pakete für alte Leute – vielleicht solche, die uns Gefangenen damals so sehr geholfen haben. – Da ich gerade dabei war, meinen Weihnachtsrundbrief zu schreiben, den auch einige Dutzend ehemalige Kameraden bekommen, verwies ich darin auf dieses Anliegen der IGFM. Zufällig hatte ein hiesiger Lokalredakteur davon Wind bekommen und verfasste einen Artikel darüber in der lokalen Presse. Als weiterer »Zufall« stand plötzlich Boris Gennings vor meiner Tür, zusammen mit seinem Vater, der zu dieser Zeit noch »Kultur-Film«-Schaffender beim »Lenfilm« war. Ich hatte für die beiden Kontakte vermittelt mit einer deutschen Familie – und die hatte sie eingeladen. Wieder brachte die lokale Presse ein Bild von uns dreien, die wir über die Bankbelege staunten, waren doch in drei Wochen 22.500 DM auf dem neu eingerichteten Spenden-Konto eingegangen. – Die IGFM schickte dafür 300 Lebensmittelpakete zu 12 Kilo nach Leningrad und schlug mir vor, zur Verteilung selbst dorthin zu fliegen. Boris, der Ältere, ermöglichte mir, einen Brief in der »Prawda« zu veröffentlichen, der mein Anliegen erläutern sollte.

Als ich drüben ankam, erwarteten mich über 300 Leserzuschriften, die auf meinen Brief bei der »Prawda« eingegangen waren. Obwohl ich geschildert hatte, in welchen Lagern und auf welchen Arbeitsplätzen ich eingesetzt war, fanden sich unter den Briefen leider keine Bekannten. Dafür aber viele Frauen, die auch Kontakte mit deutschen Kriegsgefangenen gehabt hatten. Einige schilderten, wie ihre Mutter ihnen auf den Schulweg ein Päckchen mitgab, das sie den Deutschen zuwerfen sollten – »obwohl wir wirklich selbst oft Hunger hatten!« Anscheinend erwartete damals niemand eine »Gegengabe«. Ich hatte ja auch nur ganz allgemein von »Dank« gesprochen.

So entstand die Aktion *»Spasibo matuschka«*, »Danke Mütterchen«. Es erfüllt uns mit großer Freude und Dankbarkeit, daß wir nun schon seit fast 10 Jahren etwa 100 alten und kranken Menschen Hilfe leisten dürfen in der Bewältigung ihres schweren Lebens. Etwa 100 Tonnen Lebensmittel und gebrauchte Kleider konnten wir in großen Transportmaschinen hinüber schicken. »Vater Oleg« stellte uns wochenlang seine Kirche als Lagerplatz zur Verfügung. Mit einer halben Million DM konnten wir unsren Freunden in den kalten Monaten mit einer »2. Rente« helfen, die schwere Zeit zu überbrücken. Dazu gab es noch Hilfe bei Beschaffung von Medikamenten und Heizmaterial. Viele Begegnungen mit einzelnen Menschen haben da tiefe und unvergessliche Eindrücke hinterlassen. So die alte Frau in der städtischen Kommunalwohnung: allein auf einem Zimmer, aber zusammen mit sechs anderen, meist fremden Menschen: eine Küche, ein WC und ein Bad – wenn man diesen Raum so nennen wollte. Unsere Antonina, die wir kurz vor ihrem Tod noch besuchten, zusammen mit Ludmilla Krippendorf, unsere Vertrauensfrau, und Lida Passikowa, die Dolmetscherin. – Zu Weihnachten und Ostern bekommen alle ein Festtags-Paket, das Ludmilla Krippendorf mit ihren Helferinnen in unzähligen Arbeitsstunden vorbereitet und überbringt. – In meinen »Memoiren« klingen diese Hilfsmaßnahmen des öfteren an.

Ein Weiteres möchte ich noch dokumentieren: Unter den jeweiligen russischen Lagerleitungen, den Aufsehern und »Antreibern« sowie den Bewachern habe ich keine Sadisten erlebt – wie wir später zu hören bekamen von Kameraden, die das Pech hatten in polnische, tschechische, jugoslawische – oder auch französische Gefangenschaft zu geraten. Gewiß war der Hunger unser ständiger Begleiter. »Politruks«, politische Offiziere, hielten uns natürlich auch immer wieder vor, welche Verbrechen wir in Rußland angeblich begangen hätten – auch wie bei uns russische Gefangene behandelt und zu Hunderttausenden zu Tode gehungert wurden. Und viele Kameraden wußten, daß dies keine erfundenen Geschichten waren. Aber im großen Ganzen wurden wir korrekt behandelt – der Krieg war ja inzwischen auch zu Ende. Wenn wir bei jeder Witterung manchmal stundenlang zum Zählappell – »Zähneklapperappell« nannten wir das – stehen mußten, dann lag das allenfalls an der Unfähigkeit des Wachpersonals, so große Zahlen zusammenzuzählen. – Vielleicht machte es dem einen oder anderen Russen auch Spaß, einmal zu zeigen, welche Macht er ausüben konnte. Gehässigkeit, gar Sadismus lag dem kaum einmal zugrunde. Bei einem solchen Appell, in einer ganz und gar unerträglichen Situation, flüsterte mir ein Kamerad zu: »Ihr tut mir leid, ihr habt das nicht verdient! – Wir vom ›SD‹ wissen, daß wir Schlimmeres verdient hätten!« »Alex, halt die Schnauze! Ich weiß nichts und ich will davon nichts wissen!«

Wenn es manchmal Härten gab, wie Antreiberei bei der Arbeit, vielleicht auch mal einen Fußtritt oder Ähnliches, dann lag das vor allem daran, daß sich Wächter und Bewachte nicht verständigen konnten. Wer von uns Deutschen konnte schon Russisch? Das waren meist nur Polen oder Tschechen – die dann die Möglichkeit sahen, ihren angestauten Haß an »den Deutschen« herauszulassen. Konnte man sich aber – wenn auch nur »radebrecherisch« – verständigen, ließ sich oft ein erträgliches Klima schaffen – bis hin zu »Kompaniegeschäften«, die beiden Seiten sehr nützlich werden konnten. Waren doch unsere Aufseher oft selbst »arme Teufel«, die auch nach zusätzlichem Gewinn ausschauen mußten. Das persönliche Gespräch zeigte, wie unsere Antreiber selbst »Angetriebene« waren. Von da war es oft nur ein kleiner Schritt zu einer gewissen »Solidarisierung«. – Vielen Russen – die leider für immer wohl für uns anonym bleiben werden – haben wir da sehr viel zu danken! Mögen diese Zeilen auch für sie ein kleines »Dankes-Denkmal« sein!

»Wird sich noch jemand interessieren für das, was da vor einem halben Jahrhundert geschah?« Schon jetzt sagten mir – auf einige Auszüge hin – Kinder meiner Schicksalsgenossen: »Das haben wir ja gar nicht geahnt; davon hat Vater nie gesprochen!«

Und wenn meine lieben Haslacher, die glaubten, mich zu ihrem »Ehrenbürger« ernennen zu sollen, einmal die »Vorgeschichte« ihres Pfarrers erfahren, werden sie vielleicht noch besser verstehen, daß soziale Aufgaben hier am Ort für mich eine unwiderstehliche Herausforderung waren.

Die Kameraden der Gefangenschaft, die es für nötig hielten, mich für das »Bundesverdienstkreuz« vorzuschlagen, werden zusammen mit den Hunderten lieber Mitbürger, die unsere Aktion »Spasibo matuschka« mittragen, froh sein darüber, daß wir die Gnade hatten, Brücken zu schlagen zu Menschen, die so viel gelitten haben und trotzdem ein offenes, liebevolles und geschwisterliches Herz bewahrten für uns, die damaligen Feinde.

Darum »Der Blick zurück – in Liebe!«

Haslach, im Januar 2002
Alfred Behr

Kapitel 1

»Ruki werch!« – Hände hoch!

»Herr Leutnant, wollen Sie nicht lieber die Schulterstücke verschwinden lassen«? Ein Kamerad hatte es gut gemeint mit mir, denn nun war es so weit: Ich hatte einen weißen Fetzen an mein Schnellfeuergewehr geheftet und auf den Grabenrand hinausgestellt. Es war nichts mehr zu machen: ringsum Iwans. Keine Handgranaten mehr, keine Panzerfäuste, die uns bisher noch etwas Respekt verschafft hatten. Der Kompanieführer hing in einer Grabenecke und heulte. Eine halbe Stunde vorher hatte er mir noch mit gezogener Pistole gedroht, wenn ich seinen »dienstlichen Befehl« nicht sofort ausführen würde, dann ... Leutnant Engel hatte versucht, sich zu erschießen. Beim ersten Mal war es mir gelungen, ihm die Pistole aus der Hand zu schlagen; ich schrie ihn an: »Mensch, erschießen können dich auch die Russen!« – Er hatte seine Waffe wieder aufgehoben und erwidert: »Mach keinen Quatsch, wir haben jetzt Wichtigeres zu tun«! Dann hatte er abgedrückt – aber außer einem »Klick« war nichts passiert, ein Versager! Daraufhin riss ich ihm die Pistole aus der Hand und warf sie über den Grabenrand hinaus. – So blieb auch sein Melder, Helmut Wiest, am Leben, mit dem er ausgemacht hatte: »Wir gehen nicht in russische Gefangenschaft!«

Es herrschte das absolute Chaos, es war eingetreten, was unweigerlich hatte kommen müssen. Eine Wahnsinnsidee unseres GRÖFAZ (größter Führer aller Zeiten) sollte den »Endsieg« bringen: »Panzerjagdkommandos«, ein Offizier, ein Unteroffizier und dreißig Mann, die hinter der russischen Linie die feindlichen Panzer abknallen sollten, bevor sie noch zum Einsatz an die Front rollen konnten. Welch eine »geniale Idee«, nachdem wir schon an der gesamten Ostfront auf Reichsgebiet zurückgejagt worden waren. Am »Endsieg« zu zweifeln, war nicht nur verboten, es wurde mit dem Tode bestraft: Wieviele Kameraden, teils junge Bürschchen in HJ-Uniform, hingen an den Alleebäumen mit dem Schild auf der Brust »Feigheit vor dem Feind«, »Wehrkraftzersetzung«.

Allenfalls hätten ja noch Einzelkämpfer oder Kommandotrupps von zwei bis drei Mann sich durch die Frontlinie hindurchschleichen und Verwüstungen anrichten können. Aber der Führer mit seiner immensen Fronterfahrung aus dem ersten Weltkrieg wußte das natürlich besser: Je mehr Kämpfer mit Panzerfäusten ausgerüstet wären (mit drei bis vier Stück konnte man jeden ausrüsten), um so besser – wenn das nicht die »große Wende« brachte! Und nach dem Prinzip: »Je mehr, desto besser«, sollten Anfang März 1945 zwei Kompanien, also etwa 250 Mann, bei Guben nachts auf Pontons über die Neisse übersetzen und das Feind-Vernichtungswerk beginnen.

Es gelang mir, einen ersten Versuch zunächst zu verhindern: Mein Auftrag war es, die Pontons in der Nacht vor der geplanten Operation nahe der vorgesehenen Übersetz–Stelle in einem Wäldchen zu lagern. Ich »verwechselte« das Wäldchen und versteckte die Pontons in einem anderen – lediglich 500 Meter davon entfernt. – Große Aufregung in der Einsatz-Nacht: Wo waren die Pontons? Ich beteuerte, sie in dem angewiesenen Wäldchen versteckt und getarnt zu haben. Fieberhafte Suche, Taschenlampen durften wegen Feindnähe nicht benutzt werden, – nichts zu finden! Doch dann lief da ein Landser unserem Major über den Weg, der ihn anschrie: »Haben Sie unsere Pontons gesehen?« – Eingeschüchtert antwortete er: »Ja, dort drüben in dem Wäldchen!« Schwitzend und fluchend holten meine Männer die Pontons zum befohlenen Platz.

Und dann ging es los: Die zweite Kompanie setzte über, unsere Kompanie gab von den Flanken her Feuerschutz. Das war auch sehr nötig, denn kaum hatten die Männer das andere Ufer erreicht, ging drüben der Feuerzauber los! Damit aber war der Einsatzzweck schon unmöglich geworden. Ein »heimliches Einsickern« hinter die russischen Linien war nicht mehr möglich.

Trotzdem aber galt die »höhere Kriegsführung«: Feind vernichten, Befehl ausführen! So jedenfalls schien das unser Bataillonskommandeur gesehen zu haben. »Warum holt der die Kompanie nicht zurück – wo doch im Osten der Himmel schon grau wird«, fragte ich seinen Adjutanten, als der bei mir vorbeikam. »Der Kommandeur hat im Moment Wichtigeres zu tun!«, bekam ich zur Antwort. Ich als kleiner VOMAG (Volksoffizier mit Arbeitergesicht) konnte mir natürlich nicht vorstellen, was es im Moment Wichtigeres geben konnte, als die Kompanie zurückzuholen. – Nach Wochen traf ich den Adjutanten – im Gefangenenlager wieder und fragte ihn: »Was hatte der Major bloß Wichtigeres zu tun, wo unsere Leute zum Abschuß auf dem Präsentierteller lagen?« »Was wäre passiert, wenn ich euch die Wahrheit gesagt hätte«, gab er zurück, »der lag stinkbesoffen im Bunker!« Ich sah ihn an und sagte: »Du hast recht, wahrscheinlich wäre einer mehr den Heldentod für Führer, Volk und Vaterland gestorben!«

Nun, irgend jemand gab dann doch den Befehl zum Rückzug. Aber da die »Idee an sich« so gut war, mußte acht Tage später dann unsere Kompanie übersetzen. Und wider Erwarten gelang das auch, denn wir wußten jetzt genauer, wo die russischen Stellungen und Maschinengewehre waren. Wir »mogelten« uns dazwischen durch, überquerten unbemerkt eine große Wiesenfläche und erreichten den Wald. Hier wäre es zwar sinnvoller gewesen, wenn die vier Züge sich getrennt hätten und auf eigene Faust losgezogen wären. Aber der Kompanieführer entschied: Wir bleiben zusammen, mindestens so lange bis wir eine Eisenbahnbrücke, etwa zwei Kilometer hinter der Front, gesprengt haben. Aber schon im Morgengrauen kreuzte eine Gruppe Russen, die anscheinend Telefonkabel überprüften, unseren Weg. Sie entdeckten uns und schossen mit Pistolen nach uns. Bestimmt die halbe Kompanie antwortete mit Schnellfeuergewehren. Von da an hatten wir eine ganze Meute Verfolger, die immer zahlreicher wurde, hinter uns. Da mein Zug der vierte war, mußte ich abwehren und in »hinhaltendem Widerstand« mich wieder zur Kompanie zurückfinden. Das wäre noch eine ganze Zeit gut gegangen, denn inzwischen war klar: unseren Auftrag konnten wir nicht mehr erfüllen, also mußten wir unsere Verfolger abwehren und in der Nacht versuchen, wieder über die Neisse zurückzukommen. Der Kompanieführer hielt sich deshalb nahe dem Waldrand, der allerdings die »zweite Linie« des Gegners darstellte. Darum war er stärker besetzt, und darum wurde auch die Meute der Verfolger immer zahlreicher. Noch konnten wir sie mit einigen Panzerfäusten in respektvoller Entfernung halten. Bis, ja bis unsere Kompanie in eine Waldspitze eingezogen war, die zur Igelstellung fast vorschriftsmäßig zur Rundumverteidigung ausgebaut war. Es erging der Kompaniebefehl: »Eingraben; hier bleiben wir bis zur Nacht!« Daraufhin schickte ich einen Melder: »In Bewegung bleiben; es werden immer mehr Verfolger, kann sie nicht lange aufhalten!« Die Antwort war: »Stellung halten: wir bleiben!« Na gut, vielleicht bekämen wir Hilfe von unseren schweren Waffen – die Front war ja nur 500 bis 800 Meter westlich am Ufer. Doch das war vergebliche Hoffnung, trotz mehrerer roter Leuchtkugeln, die ich in Feindrichtung geschossen hatte. Dafür schossen sich nun immer mehr russische Granatwerfer aller Kaliber auf uns ein. Sie explodierten in den Baumkronen. Und gegen diese Splitterwirkung gab es keine Deckung. Gleichzeitig hatten sich mehrere Pak-Geschütze auf uns eingeschossen, und die trafen in jedes Mauseloch! Immer mehr Tote, immer mehr Verwundete gab es auf unserer Seite zu beklagen.

Ich hatte meinen Männern zugerufen: »Schiebt euch einen kleinen Sandwall vor die Nase, damit die Splitter der Handgranaten nicht ungehindert durch den ganzen Graben fegen können!« Ringsum waren die Russen ja so nahe, daß sie uns mit Handgranaten »bedienen« konnten. Die Verwundeten bat ich, mir ihre Handgranaten zuzuschieben. Während ich noch am Wühlen war, und mein eigener Wall kaum 20 cm hoch war, fiel eine deutsche Eierhandgranate auf die vordere Seite. Ich erinnere mich genau, daß ich glaubte, sie sei von einem Verwundeten. Aber aus »militärischem Instinkt« legte ich die linke Wange voll in die kleine Kuhle hinter meinem Wall – wir hatten ja keine Stahlhelme, nur einfache Feldmützen. Und schon tat es einen fürchterlichen Schlag: Die Eierhandgranate mitsamt meinem Sandwall war wie weggeblasen. Ich kontrollierte erst mal, ob überhaupt mein Kopf noch da war. Er war noch da, sogar vollständig. Nur hatte ich das Gefühl, ein Pferd habe mir zum rechten Ohr rein- und zum linken hinausgetreten. Was da passiert war, erfuhr ich erst später.

Dabei stand die Sonne noch hoch am westlichen Himmel, und die Dunkelheit würde noch lange auf sich warten lassen. Gegen 17.00 Uhr war ein Weiterkämpfen sinnlos. Unser Kompanieführer war zwar nicht verwundet, aber »außer Gefecht«! – Es dauerte noch lange, bis sich die Russen unseren Gräben näherten. Schließlich standen sie Mann an Mann mit angelegten Maschinenpistolen am Grabenrand. Großes Geschrei erhob sich, gelegentlich verstand man »ruki werch!«. Das hatten wir mal gelernt, nur sollten damit »Iwans« gefangengenommen werden. Die hätten doch wenigstens »Hände hoch!« schreien können! Viel mehr aber hörten wir so etwas wie das bekannte »Urräh« (unser Hurra). Bald jedoch wurde uns klar: Das sollte »Urii« gleich »Uhren« heißen! Im Nu hatte mir einer die Uhr vom Handgelenk gerissen. Ein Offizier sah das, nahm ihm die Uhr ab, steckte sie in die eigene Tasche und verabreichte dem Dieb eine kräftige Ohrfeige. In der Verwirrung merkte ich erst viel später, daß ich meine Pistole noch am Koppel hatte.

Keine zwei Dutzend (von ursprünglich 120 Mann!) traten nun den Weg in die Gefangenschaft an. Und da auf einmal sandte uns die deutsche Artillerie ihre Grüße! Die Russen gingen in Deckung – wir mußten auf der Straße stehen bleiben! Wir schleppten noch einige Verwundete mit. Wer aber nicht gehen konnte, den liquidierten die Posten an Ort und Stelle. Zu zweit hatten wir noch einen Kameraden einige hundert Meter mitgeschleppt. Ich redete ihm zu: »Denk an deine Angehörigen, reiß dich zusammen!«

Wir hörten allerdings, wie die Luft aus seiner Brust zischte, und der Posten, dem wir nicht schnell genug gingen, bedeutete uns mit Kolbenschlägen und Fußtritten, den Kameraden liegen zu lassen. Ein kurzer Feuerstoß – wir brauchten nicht zurückzuschauen! Ich kannte ihn nicht, aus meinem Zug war er nicht. Hoffentlich hatten alle, wie ich befohlen hatte, die Adressen der Kameraden an ihre Angehörigen aufgeschrieben – schließlich mußte man kein Prophet sein, um unser Schicksal vorauszusehen. Leider war aber – wie sich nach Rückkehr 1949 herausstellte – der Leutnant (ich) der einzige, der dies getan hatte. So konnte ich einigen Angehörigen wenigstens die traurige Nachricht vom Tod überbringen, anderen immerhin die Mitteilung, daß der Kamerad noch mit in Gefangenschaft gekommen war.

Nun standen wir einige Stunden in einem Gehöft herum. Mit Anbruch der Dämmerung brachten die Russen ihre Toten auf niedrigen Wägelchen in den Hof. Einer von ihnen muß seinen Kameraden erkannt haben, denn er geriet in fürchterliche Wut und wollte mir von hinten seine Maschinenpistole auf den Kopf hauen. Das hätte mein Ende sein können. Der Kamerad hinter mir sah es und wehrte den Schlag ab, was ihm allerdings einen Fußtritt einbrachte.

Bevor es dunkel geworden war, hatte man uns drei übrigen Offiziere auf einen Lastwagen geladen und von unseren Landsern getrennt. Wir haben sie nie wieder gesehen. An den Händen gefesselt, wurden wir in einem Schulzimmer mit Fußtritten auf ein Strohlager befördert – und schon wenige Minuten später fingen die Verhöre an.

Es zeigte sich, daß unsere Gegner sehr gut Bescheid wußten über die gegenüberliegenden Truppenteile, über Bewaffnung und alles Wissenswerte. Eines aber kannten sie noch nicht: »Panzerjagdkommandos«! Wie sollten sie auch! Von dieser Geheimwaffe unseres großen Feldherrn hatten sie ja auch noch kaum etwas zu spüren bekommen. Für uns aber ergab das eine gefährliche Lage: Jeder Offizier mußte doch mindestens über »rechte und linke Nachbarn« Bescheid wissen! Wenn wir aber nicht einmal angeben konnten, welcher Division wir angehörten, dann mußte es ja Gründe geben für unsere standhafte Leugnung: Wir waren womöglich gar keine regulären Soldaten, sondern eingeschleuste Spione! Na, dann wüßten wir ja wohl, was wir zu erwarten hätten.

Tage- und nächtelang wurden wir einzeln zum Verhör geholt. Zu essen bekamen wir die ersten drei Tage überhaupt nichts, ebensowenig zu trinken. Ein Posten saß in unserem Zimmer, der streng darüber zu wachen hatte, daß wir nicht miteinander sprechen konnten. Ein Päckchen »Zichorie«, die bekannte Mucke-Fuck-Kaffeesubstanz, fanden wir im Stroh unseres Lagers, und diese gebrannte Gerste (das war es doch wohl?) kauten wir, was unseren Durst natürlich noch unerträglicher machte. Zudem fanden wir auch eine deutsche »Eierhandgranate« im Stroh. Als unser Bewacher einmal kurz ein Nickerchen machte, hielten wir wispernd Kriegsrat: Den Posten zu überwältigen dürfte nicht unmöglich sein. Da die Tür jedoch von außen verschlossen und die Fenster mit Brettern vernagelt waren, im Haus und auf dem Hof aber bei Tag wie bei Nacht ständig Gelaufe und Gerenne herrschte, konnten wir von unserer Wunderwaffe – selbst bei effektivstem Einsatz keine Fluchtmöglichkeit erwarten.

Nach fünf oder sechs Tagen vergeblicher Verhöre wollte man uns eine letzte Chance zur Aussage geben: »Entweder ihr gebt jetzt an, was ihr gesehen haben müßt, Stellungen, schwere Waffen, rückwärtige Auffanglinien – oder es ist klar, daß ihr nur gewöhnliche Spione und keine Soldaten seid!« Flüsternd verabredeten wir, wo die angeblich gut getarnten Stellungen sein sollten. Das mußte nicht genau übereinstimmen, aber doch nach echter Beobachtung aussehen. Man schien zufrieden. Einige Tage später ging in der Morgendämmerung ein Trommelfeuer mit Artillerie und »Stalinorgeln« los. Da merkten wir erst, daß rings um uns her offensichtlich schwere Waffen zu Hauf in Stellung gebracht waren – von diesem Feind, der doch angeblich »aus dem letzten Loch pfiff«! – Unsere Bewacher triumphierten: »Germanski kaputt, Gitler kaputt!« Doch am Abend war davon keine Rede mehr. – War es uns vielleicht doch gelungen, die schweren Waffen dahin zu dirigieren, wo sie wenig Schaden anrichteten?

In den langen Zeiten, in denen wir zum Schweigen gezwungen waren, bedrängte uns natürlich sehr die Frage: Wie geht es weiter, was kommt auf uns zu? Unser Kompanieführer war von einem Verhör nicht mehr zurückgekommen. Er hatte sich nach einer vorangegangenen Befragung damit gebrüstet: »Denen habe ich mal die Meinung gesagt, vor allem, was ich von Stalin halte!« Hatte er wohl die Quittung dafür bekommen? Meine beiden Kameraden waren nun erst recht der Überzeugung: Uns Offiziere erschießen sie alle – die Landser dürfen in Sibirien Sklavenarbeit leisten, bis sie verrecken!

Die Stunden bei Tag und Nacht auf dem Strohhaufen erschienen endlos. Die Gedanken ließen sich nicht leicht abschalten: Wie würde das weitergehen, vor allem, wie wird das alles enden? – Ob ich gebetet habe? Ich glaube schon. Vor meiner Einberufung hatte ich sehr intensiv in einem »Einkehrtag«, vor allem aber in Gesprächen mit meinem priesterlichen Freund, dem Rektor Adolf Haberkorn, über mein Leben nachgedacht. Was heute wohl keiner mehr vermuten würde: Ich war »Schönstätter«, seit einiger Zeit sogar Gruppenleiter. Nun waren meine beiden dortigen Vorgänger, Anton Sauer und August Bauer, beide gefallen. Das gab schon zu denken, kein Wunder, daß meine Gedanken »todernst« waren. Es gab damals von Schönstatt her für alle, die Soldaten werden mußten, die Anregung, »der Mutter Maria die Blanko-Vollmacht über unser Leben in die Hände zu legen«. Ich tat das mit Überlegung und Überzeugung: Wenn die Hingabe des Lebens für Kirche und Vaterland notwendig sein sollte, so sollte gelten »Fiat voluntas tua!« (es geschehe dein Wille!).

Bis zu einem tiefgehenden Erlebnis bei der »Frontbewährung« rechnete ich sehr stark damit, daß ich nicht zurückkommen würde. Damals stand ich vor dem ersten Toten meiner Gruppe. Eine Maschinengewehrgarbe hatte ihn zerfetzt. Der Schütze dort drüben brauchte nur noch einmal den Finger am Abzug um wenige Zentimeter zu bewegen, dann läge ich neben Paul. Mir war klar: mein »Fiat« war gefragt! Ich konnte bei meinem Ja bleiben. Seitdem war ich eigentlich recht zuversichtlich – nicht daß ich keine Angst mehr gehabt hätte. Natürlich nicht.

War jetzt die Stunde der Entscheidung angebrochen? – Unsere »Verhörer« schienen langsam die Geduld zu verlieren. Nun ja, wir hatten sowieso bisher schon mehr Schläge als Brot bekommen. Aber nun drängten sie auf Entscheidung: »Entweder sprechen welche Division – oder Spion: kaputt!« Um dem Nachdruck zu verleihen, bekam ich einen Tritt, der mich über die Treppe eines Bauernhauses hinabstürzen sollte. Trotz gefesselter Hände gelang es mir, mich über das Geländer zu werfen. So glitt ich nach unten und schlug mir »nur« elend den Schädel an. In meine gefesselten Hände hängte man einen Spaten. »Dawei, dawei!« Vier Mann mit Karabinern führten mich durch mehrere Gärten. Dabei stritten sie immer wieder – wohl um den geeigneten Hinrichtungsplatz.

Den fanden sie schließlich. Der Anführer zog einen Zettel aus der Tasche, auf dem wahrscheinlich in kyrillischen Buchstaben stand: »Du sprechen Nummer Division! – Nix sprechen, kaputt!« Ich erwiderte: »Nix Division!« Das folgende Ritual war wohl schon des öfteren durchgespielt worden: Man warf mich auf den Boden, zeichnete mit dem Spaten Länge und Breite ab. »Dawei, rabotat!« Das war unmißverständlich, obwohl ich diese Worte noch nicht kannte. Ich beeilte mich nicht, und auch die Russen hatten Zeit. Gelegentlich kam mal ein »Dawei, Kamerad!« dazwischen.

Sollte das das Ende sein? Obwohl mir Arme und Beine zitterten – nicht nur vor Hunger! – glaubte ich nicht im Ernst daran. Die sollten mir sicher nur Angst einjagen. Das schien auch zu bestätigen, daß sie immer wieder fragten »Nummer Division?« Etwa 50 cm tief hatte ich gegraben, dann warf ich den Spaten weg. Die Russen diskutierten heftig, stritten, ob ich vor dem Grab stehen und rückwärts reinfallen oder hinter dem Grab und vorwärts reinfallen sollte. Dazwischen »Kamerad, Zigarett?« Nach einigen Zügen schlugen sie mir die Zigarette aus der Hand: »Nummer Division?«

Um es kurz zu machen: Dreimal traten sie an, dreimal ein

Kommando wie unser »Legt an – gebt ...« Beim ersten Mal blieb das dritte Kommando »Feuer« aus – statt dessen: »Nummer Division?« Beim zweiten Mal war keine Patrone im Lauf, es machte nur »Klick«. Dabei zielten die Kerle immer genau auf die Augen! Beim dritten Mal zeigten sie mir, daß sie die Patrone einschoben. Und diesmal schossen sie auch, rissen aber im letzten Moment – ich hatte die Augen geschlossen – das Gewehr in die Höhe. »Kamerad nix kaputt?«

Ich wurde dann auch nicht mehr zurück zu meinen beiden Kameraden gebracht. Die sollten wohl glauben, ich sei tatsächlich erschossen worden. Vermutlich durften sie dann dasselbe Theater »genießen«.

Kapitel 2

Lager Sagan

Man führte mich zu einem Bauernhaus und sperrte mich in den Verschlag unter der Treppe. Und wen fand ich da? Meinen Kameraden, der dieselbe Prozedur erlebt hatte. Der Platz reichte gerade aus, daß wir nebeneinander, Schulter an Schulter liegen konnten. Immerhin bekamen wir ein Schüsselchen Suppe mit viel Fleisch – wie das schmeckte! Auf dem Boden lag etwas Stroh, sodaß wir wenigstens nicht direkt der Kälte des Steinbodens ausgesetzt waren. Mäntel oder Anoraks hatten wir ja nicht, statt dessen war im Sturmgepäck eine Zeltplane – von der man uns natürlich längst »befreit« hatte. Es war März, die Nächte noch ganz schön kühl – auch in diesem geschlossenen Haus. Wir legten uns auf die Seite und wie Löffel aneinander, so konnten wir einigermaßen schlafen.

Am nächsten Tag verlangten wir nach einem Offizier. Es dauerte lange, bis der Posten das kapiert hatte. Schließlich kam einer, der aber so wenig deutsch sprach wie wir russisch. Wir versuchten ihm klar zu machen, wir seien Soldaten, sogar Offiziere und nicht Schweine! Er hörte uns belustigt zu, sagte immer wieder »da, da, da« und »Skora damoi«. Was das heißen sollte, wußten wir natürlich nicht. Jedenfalls ließ er uns wieder einsperren – und als einzige Reaktion erlebten wir, daß noch ein Dritter zu uns hineingeschoben wurde. Nun wurde es aber wirklich bedrückend eng. Immerhin konnte dieser Fremde uns am laufenden Band Geschichten erzählen. Er hätte in besseren Zeiten eine eigene Yacht im Mittelmeer gehabt und dort habe er hochgestellte Persönlichkeiten zu allen erwünschten Häfen kutschiert. Das meiste dürfte erfunden gewesen sein, aber es war eine angenehme Unterhaltung. Schwierig wurde nur das Schlafen: Reihum mußte einer mit dem Kopf unter dem niedrigen Teil des Treppenverschlags liegen. Anfangs brachte das panische Angst wegen des immer niedriger werdenden Treppenverschlags. Die anderen beiden aber waren auch nicht besser dran, sie hatten seine Füße vor der Nase. Immerhin bekamen wir einigermaßen regelmäßig zu essen und zu trinken.

Ein großes Problem stellte allerdings die Hygiene dar. Deshalb wollten wir dem Posten klar machen, daß wir uns waschen möchten. Bis er unsere Zeichensprache verstand, verging schon einige Zeit – aber gerade davon hatten wir ja im Überfluß. Als er uns verstanden hatte, ging er weg und führte uns wenig später gemeinsam auf den Hof. Dort hatte er einen Wasserkrug, wie er früher in der Waschschüssel des Gästezimmers stand – nur eben ohne die Waschschüssel. Dafür aber ein »Zahnputzglas«. Er goß ein Glas voll und reichte es dem ersten von uns. Der guckte erst mal dumm, dann trank er das Glas leer. Jetzt guckte der Russe dumm! Irgendwas sagte er von »Kultur«. Der zweite Kamerad trank es ebenfalls leer. Der »Muschik« fluchte und schimpfte, als wir ihm immer noch bedeuteten, daß wir uns eigentlich waschen wollten. Schließlich zeigte er uns ungebildeten Deutschen, wie man das macht: Er nahm einen kräftigen Schluck Wasser in den Mund, stellte das Glas weg, machte mit seinen Händen eine Waschschüssel, ließ das Wasser aus dem Mund in die Hände fließen – und dann zeigte er uns Unwissenden, wie man »Kultura« macht. Er wusch sich Gesicht, Haar und Hals – wobei die Zähne wahrscheinlich auch schon bedient waren! Wir Unbelehrbaren ließen uns lieber Wasser in die hohlen Hände gießen und vollzogen so unser »Vidi aquam« (»ich sah Wasser« – das sang man bei der Weihwasser-Austeilung in der Osterzeit).

Nach einigen Tagen wurden wir beiden Leutnants abtransportiert – und sahen zum ersten Mal den Stacheldraht von innen, den man wohl provisorisch um ein Schulhaus und den Schulhof gezogen hatte. Immerhin konnten wir uns dort einmal richtig waschen, sogar mit Seife. Aber – oh Schreck – das Seifenwasser lief mir im Ohr in den Hals hinab. Ein mitgefangener Arzt erklärte mir: Das rechte Trommelfell ist kaputt! »Ja was kann man da jetzt machen?« wollte ich wissen. »Abwarten, ob es wieder zusammenwächst!« war sein einziger Rat.

Jetzt erinnerte ich mich: Beim letzten Kampf im Schützengraben hatte ich die Kameraden aufgefordert, einen Sandwall vor ihr Gesicht zu schieben, damit die Splitter der Handgranaten abgehalten würden. Während ich selbst noch, wie ein Maulwurf, mit den Händen den Sand vor mir zusammenschob, da krachte es vor mir, – und das war also das »Pferd, das mir ins rechte Ohr getreten« hatte. – Hätten später die Leute gewußt, daß ich auf dem rechten Ohr fast taub war – was hätte da mein Beichtstuhl einen Zulauf gehabt!

In dieser Schule war ein Klassenzimmer bis fast an die Decke gefüllt mit Gebrauchtkleidung: Jacken, Hosen, auch Unterwäsche. Wahrscheinlich war da wieder eine Sammlung für die Frontsoldaten durchgeführt worden. Es war erstaunlich, daß sich die Russen dafür anscheinend gar nicht interessierten. Oder hatten sie sich schon die besten Stücke herausgesucht? Jedenfalls hinderte uns niemand daran, uns nach Bedarf »einzudecken«. Ich fand einen Leinensack, den man mit einer Schnur zu einem tragbaren »Gepäckstück« machen konnte. Nur Schuhe fand man nicht. Das war tragisch, denn manchen Landsern hatte man schon bei der Gefangennahme die Schuhe ausgezogen – wohl als erste »Reparationsleistung«! – Unser »Panzerjagdkommando« war ausgerüstet mit speziellen Schleichschuhen: dünne Gummisohlen, sehr leichtes und dünnes Oberleder. Damit konnte man wirklich schleichen wie eine Katze. So gut meinte es unser großer Führer mit uns. – Daß ich dann den ganzen ersten Winter über damit frieren mußte – daran war ich natürlich selbst schuld: ein rechter Leutnant ging ja schließlich nicht in Gefangenschaft! Wenn aber schon, nun, dann konnte er sich ja bei den Russen beschweren!

Diese Kleidersammlung kam somit also doch den Frontsoldaten zugute – wenn auch anders als gedacht. Aber es war ein Segen. Ich konnte mich doch mit einigem versorgen. Teilweise wurde es uns dann wieder bei einer der vielen »Filzungen« weggenommen. Aber zunächst waren wir doch mal eingedeckt. –

Einige Gefangene hatten sogar das Glück, große »Seesäcke« zu besitzen. Das waren vor allem schlesische Adelige, frühere Reserveoffiziere, die eigentlich längst ausgemustert gewesen waren. Diese wurden nun wohl vorsichtshalber auch gefangengenommen, denn Hitler, Göbbels und Co. hatten ja den Russen versprochen, daß selbst Kinder und Greise noch als »Wehrwölfe« ihr Vaterland (oder den großen Führer?) verteidigen würden. Jedenfalls stopften diese alten Herren zusätzlich in ihre Seesäcke hinein, was nur hineinging – einige hatten auch noch außen so manches drangebunden. Als es dann schon nach wenigen Tagen hieß: »Mit Gepäck antreten!« konnten sie ihre Last kaum bis zum Appellplatz schleppen. Bald wurde klar: Es geht auf Marsch! Jetzt winselten sie die »lieben Herren Kameraden« an, ihnen doch die Säcke zu tragen: »Sie, Herr Kamerad, haben ja nicht so schwer zu tragen!« Um keinen Preis aber waren sie bereit, etwas von ihrer schweren Last abzugeben. Schließlich war es ja das »Allerletzte von ihrem ganzen Besitz, was ihnen noch geblieben war!« – Als ob es einem von uns anders ergangen wäre!

Es wurde ein schlimmer Marsch. Am Lagertor bekamen wir ein Stück Brot, vielleicht 500 Gramm. Dann gab es auf dem ganzen Marsch nichts mehr zu essen – und was noch schlimmer war: auch nichts zu trinken. Zwar stellten des öfteren Bauersfrauen Eimer mit Wasser an die Straße. Aber dem einen oder anderen Posten machte es Freude, diese Eimer umzustoßen. Respekt vor diesen Frauen! Die Posten schlugen mit den Gewehrkolben nach ihnen, einige schossen sogar über sie hinweg. – Wo es hingehen sollte, wußte keiner. Erst als wir nach einem ganzen Tag in Sagan angekommen waren, sagten uns Ortskundige, daß wir 36 Kilometer marschiert waren. Wie schon einmal bei einem Marsch in Frankreich, hatte ich regelrechtes »Marschfieber«. Thermometer gab es natürlich nicht, und eine Sanitätsbaracke war auch nicht vorhanden.

Endlos standen wir auf dem Appellplatz. Es zählten aber nicht Russen, sondern Deutsche. Ihr Chef, geschniegelt und gebügelt, in Offiziersuniform, stellte sich vor als Lagerkommandant. »Erich« dürften wir ihn nennen – obwohl er uns eigentlich hassen müßte! Denn er wäre »schon immer Kommunist gewesen« (wie oft habe ich das noch zu hören bekommen!), und deshalb habe man ihn zwölf Jahre im KZ gefoltert. Er zeigte seine Unterarme, auf denen noch die Narben von Stacheldraht seien, an dem man ihn zur Auspeitschung aufgehängt hätte. Auf diese Entfernung konnte das allerdings niemand sehen – oder sahen es doch alle? Es wurde ihm halt abgenommen, schweigend natürlich. – Schließlich meldete er in »lässig strammer Haltung« einem russischen Offizier die »Neuen« an. Es war deutlich zu sehen: Der gilt bei den Russen viel!

Wir konnten uns kaum auf den Beinen halten und waren froh, endlich in eine Baracke einziehen zu können. Vorher aber wurden wir Offiziere von den anderen getrennt. Nicht schlimm, denn von meinen Leuten war ohnehin niemand mehr zu finden. – Aber einige von den »alten Herren« mit den Seesäcken traf ich dort wieder. Die Säcke waren merklich kleiner geworden – sie hatten unterwegs einiges weggeworfen. Es seien aber auch einige unter ihrer Last zusammengebrochen und liegen geblieben. Später habe man Feuerstöße aus Maschinenpistolen gehört!

Wir erfuhren, daß dies einmal ein Lager für französische und englische Offiziere gewesen sei. Es war deshalb verhältnismäßig gut eingerichtet mit Lagerküche und – »Donnerbalken«. Darum war auch unsere Offiziersbaracke passabel ausgestattet – vor allem nicht so überbelegt, wie wir es später oft erfahren haben. Es gab gemütliche Sitzecken, sogar mit Schachtischen. – Da saß ich einmal und spielte aus Langeweile mit einem Kameraden. Plötzlich kam der Lagerkommandant »Erich« herein. Wir alle sprangen in »Habt-Acht«-Stellung, und einer von uns meldete ordnungsgemäß. »Erich« gab sich herablassend – kameradschaftlich: »Danke, weitermachen!« Dann ging er auf unseren Tisch zu, sah uns beide an, sprach aber nur mich an, was mich wunderte, denn der Spielkamerad war älter und hatte höheren Rang. »Ah, Sie spielen Schach, da müssen wir mal eine Partie miteinander spielen«! Bei dieser Gelegenheit sah ich ihn erstmals aus der Nähe – und er war mir richtig unsympathisch. Warum, hätte ich nicht mal so recht sagen können. Es kam jedenfalls keine solche Partie zustande, denn immer wenn es hieß »Erich im Anmarsch«, verschwand ich in der entgegengesetzten Tür. Mehrmals sagten mir die Kameraden hinterher, er habe gefragt, wo denn der »junge hübsche Leutnant« wäre. Das machte ihn mir keineswegs sympathischer!

Inzwischen hatten wir alle an unseren Mützen die Heimatstadt ersichtlich gemacht. Man wollte möglichst viele Landsleute kennen lernen – die eventuell mal die Nachricht nachhause bringen konnten, daß man in Gefangenschaft war. Bei mir stand da »Tauberbischofsheim«. Darum sprach mich eines Tages ein Kamerad an; er war aus Bad Mergentheim – und hatte einen ungewöhnlichen, aber leicht zu merkenden Namen: »Hunnenmörder« hieß er. Er war schon etwas älter, nicht sonderlich kräftig gebaut und kam so Jahre vor mir nachhause. Er besuchte meine Eltern und erzählte von mir. Aber da war schon auf anderem Weg eine Nachricht von mir angekommen So etwa von Willi Hauck aus Staffort bei Karlsruhe. Nach meiner Heimkehr, Ende 1949, erzählte mir Hunnenmörder die folgende grausige Geschichte:

Wieder einmal war eine Kolonne Gefangener im Lager Sagan angekommen. Wie üblich stolzierte Erich, aufgeblustert wie ein Pfau, vor der Front auf und ab. Plötzlich Unruhe, Rufe unter den Gefangenen – und bevor es jemand verhindern konnte, sprangen zwei Männer den Erich an, schlugen ihn zu Boden und trampelten mit den Stiefeln auf seinem Gesicht herum. Bis russische Posten hinzukamen und die beiden festnahmen, hatten sie ihm buchstäblich »die Birne zermanscht«. Alles stand wie erstarrt. Die beiden »Delinquenten« verlangten einen russischen Offizier. Als der kam, berichteten sie: »Dieser Kerl war einer der schlimmsten SS-Schergen im KZ, in dem auch sie gefoltert worden waren. Er habe oft einen richtigen »Blutrausch« gehabt!« – Als das geschah, war ich längst nicht mehr im Lager Sagan. – Erich wurde daraufhin festgenommen und eingesperrt, ebenso die beiden Kameraden. Die Russen gingen nun der Geschichte nach. Und siehe da, es fanden sich noch weitere ehemalige Häftlinge aus jenem KZ. Als dies im Lager bekannt wurde, meldeten sich Leute aus dem »Lagerdienst«, die den Abfall entsorgen mußten und dafür kräftigen Nachschlag bekamen. Unter dem Abfall aber mußten sie oft auch tote Kameraden verstecken und auf dem Müllplatz vergraben, die sie aus dem Keller unter der »Kommandantenbaracke« – bei Nacht! – herausholen mußten. Die Toten seien oft gräßlich entstellt gewesen – angeblich durch »Verhöre« von russischen Politoffizieren. Der russische Lagerkommandant ließ nun alle Toten aus dem Müllplatz ausgraben. Es waren 113 deutsche – meist junge Kameraden! Sie alle hatte diese KZ-Bestie aus bloßer Mordlust umgebracht! – Als ich das hörte, lief es mir noch Jahre nach diesen Ereignissen eiskalt über den Rücken! – Die Russen erschossen ihn schließlich vor dem angetretenen Lager. Er soll jämmerlich heulend um Gnade gefleht haben.

Der Aufenthalt in diesem Lager dauerte nur wenige Wochen. Immer wieder hieß es: »Skora damoi!« – inzwischen wußten wir, daß dies hieß: »Bald nach Haus!«. Aber schließlich war ja noch Krieg, und die Russen verkündeten uns täglich neue Siege über Landschaften und Städte, die vielen von uns bekannt waren. Aber da sie schon kurz vor Berlin standen, wunderte es viele nicht, als es eines Tages hieß: Es geht ins Entlassungslager! Diesmal mußten wir wenigstens nicht mehr marschieren, sondern wurden auf Lkws befördert. Eigentlich eine schöne und interessante Fahrt, denn in Sagan hatten wir kaum über den Stacheldraht hinaussehen können. Und nun lag die herrliche Frühlingslandschaft vor unseren staunenden Augen. Die Wagen hatten keine Planen, so konnte jeder den freien Blick in die Landschaft genießen

Und siehe da, das neue Lager in Oppeln lag in einem Gleisdreieck, bestens also geeignet als »Entlassungslager« mit direktem Gleisanschluß nach dem Westen – aber leider auch nach dem Osten!

Irgendwann in dieser Zeit habe ich Josef Volk kennen gelernt. Wahrscheinlich weil er »Freiburg« an der Mütze stehen hatte. Er war Kaplan in Freiburg gewesen, wurde als Sanitätssoldat eingezogen und kam irgendwann dann in die Laufbahn als Wehrmachtspfarrer. Zuletzt war er Divisionspfarrer im Rang eines Majors gewesen. Er sorgte dafür, daß ich in Oppeln in die Baracke der Stabsoffiziere kam.

Kapitel 3

»ENTLASSUNGSLAGER« OPPELN

Wo Josef Volk und ich uns kennen gelernt haben, weiß ich wirklich nicht mehr genau. Möglicherweise habe ich ihn erst im Lager Oppeln getroffen. Das wäre deshalb plausibel, weil ich zwar in der Baracke der Stabsoffiziere einquartiert war – aber nicht neben Josef Volk. Wären wir zusammen hier angekommen, dann hätten wir sicher einen Platz nebeneinander gefunden. Denn diese Baracke hatte nur »einstöckige« Betten – für die Gefangenschaft ein einmaliger Luxus.

Ein halbes Jahrhundert später lese ich aus den »Erinnerungen an die Gefangenschaft« eines Kameraden Hans Schneider, den ich allerdings, obwohl wir noch mehrere Lager gemeinsam »genießen« durften, nie persönlich kennenlernte:

»In Oppeln war eine Halle des Reichsbahn-Ausbesserungswerkes für eine Woche unser Logis. Hier waren bis Kriegsende Zwangsarbeiter eingesperrt. Wir schliefen auf Pritschen in fünf Etagen, so daß die oben »Wohnenden« wie Affen an den Stellagen herumklettern mußten. Direkt neben der Halle stand der Zaun, der verhinderte, daß wir uns die Füße hätten vertreten können. Unsere Nachbarn in Baracken hinter dem Zaun waren Offiziere. Es mag an besserer Verpflegung gelegen haben, daß diese Männer im Chor Volkslieder sangen wie z.B. »Wer hat dich du schöner Wald ...« Wir hätten uns dazu nicht aufrappeln können. Wir gierten nur nach einem Suppennachschlag, den es aber kaum gab. Ich habe in Oppeln erlebt, wie ältere Männer uns jüngere energisch zu verdrängen versuchten, wenn tatsächlich einmal ein Nachschlag zu erhaschen war. Gier und Angst zeigten sich in schamloser Nacktheit!«

Nun, die Suppen dürften für uns Offiziere aus demselben Kessel gekommen sein. An »Nachschlag« kann ich mich dort auch nicht entsinnen. Aber in Erinnerung ist mir geblieben, daß in der Suppe manchmal »Fleischliches« enthalten war, das wahrscheinlich als Abfall aus einer Schlachterei stammte. Undefinierbares legten die meisten von uns gleich auf den Tisch – andere haben es in den Mund genommen und ausgesaugt. Einer von unseren älteren Mitgefangenen hat dann jeweils alles aufgesammelt und gierig verschlungen – weil er augenscheinlich den größeren Hunger hatte. – Wir nannten ihn »unser WHW(Winter-Hilfs-Werk)-Schweinchen«.

In diesem Lager war mein Nachbar ein gewisser Stabsarzt Dr. Bär aus Bamberg. Wir hatten uns sehr schnell angefreundet. Wahrscheinlich trug dazu bei, daß ich mich als katholischer Theologiestudent vorstellte. Er war katholisch in einem echten soliden Sinne. So ergaben sich viele interessante Gespräche, an denen auch Josef Volk oft teilnahm. Das lockte aber aus der Nachbarschaft einen Superkatholiken an, der gleich merkte, daß wir nicht in seinem Sinne katholisch waren – und deshalb der Belehrung, vielleicht sogar der Bekehrung bedurften. Es war manchmal schwer, ihn auf Distanz zu halten – ohne das Gebot der Nächstenliebe zu verletzen.

Als wohl früheste Erinnerung der Begegnung mit Josef Volk blieb mir das folgende im Gedächtnis: Wir »spazierten« auf der Lagerstraße. Daß er Divisionspfarrer war, wußte ich bereits. Ich »gestand« ihm, daß ich Theologie studieren und Priester werden wollte. Josef blieb stehen, zog eine Augenbraue hoch (das war so eine typische Geste von ihm) und fragte: »Schon mal verliebt gewesen?« Ich muß wohl eine »rote Birne« bekommen haben: »Nicht gewesen – ich bin verliebt!« »Na dann kannst du Pfarrer werden!« Das muß mich wohl etwas erstaunt haben, denn er erklärte mir: »Weißt du, diese Treibhauspflänzchen, die da aus den Konvikten kommen und vom Leben und vom anderen Geschlecht noch nie etwas gesehen oder gehört haben, die kippen entweder aus den Latschen, wenn sie dem Leben begegnen – oder was noch schlimmer ist, die wollen dann alle zu solchen Halbblinden wie sie selbst machen, wenn sie auf die Menschheit losgelassen werden.« So verstanden wir uns von

Anfang an bestens – heute würde man vielleicht sagen: Die »Chemie stimmte!«

Damals war ich wieder zu meiner Gewohnheit zurückgekehrt, in der Mittagszeit 17 Minuten zu schlafen. Das klappte vorzüglich, nachdem wir uns unter den neuen Bedingungen einigermaßen eingelebt hatten. Nun hatten wir ja alle keine Uhren mehr (davon hatten uns die Iwans längst »befreit« – wie von allen sonstigen »spitzen Gegenständen« auch), es konnte also keiner die genaue Zeit stoppen. Aber ich konnte »alles auf Null stellen« und dann sehr schnell einschlafen. Und genau nach 17 Minuten mußte ich lachen, das Zeichen, daß ich ausgeschlafen war. Der andere „Bär" wunderte sich immer wieder, daß »dieses Kerlchen auch in dieser Situation noch lachen konnte«! Wir blieben Nachbarn den ganzen Sommer über. Aber als dann die noch arbeitsfähigen – eine russische Ärztin stellte das unwiderleglich durch Zwicken in die hinteren Backen fest – jüngeren Offiziere zum Abtransport ausgesucht wurden, schlug für uns die Stunde des Abschieds. Er teilte mit mir noch ein Säckchen Pfeffer, das er wie ein Heiligtum hütete, mit der ernsten Mahnung, nur damit zu würzen, keinesfalls mit Salz!

Es muß so Mitte April 45 gewesen sein, als wir nach Oppeln kamen. Nach dem 20. April (Führers Geburtstag) erzählte man im Lager, eine Gruppe von Unentwegten hätte nachts um 12 Uhr auf dem Donnerbalken das Horst-Wessel-Lied gesungen und mit gedämpfter Stimme »Sieg Heil« gebrüllt. Inzwischen waren sich die meisten von uns einig, daß der Krieg für Deutschland endgültig verloren war. Doch auch im April 45 gab es selbst im Gefangenenlager noch solche »Idealisten«, die immer noch an die Wunderwaffe unseres Führers und somit an den Endsieg glaubten. Als ich es einmal wagte, die geniale Kriegskunst unseres »GRÖFAZ« anzuzweifeln, verpasste mir ein Oberleutnant aus Ostpreußen, ein baumstarker »Kleiderschrank«, einen Kinnhaken, der mich ins k.o. versetzte. Zurückzuschlagen wäre nicht nur dumm, sondern auch aussichtslos gewesen. Ich sagte nur: »Manche lernen es nie – und manche noch später!«

Doch da hatte ich die Lernfähigkeit dieses Dinosauriers falsch eingeschätzt: Am 1.Mai 1945 kam eine Gruppe Offiziere vom »Nationalkomitee Freies Deutschland« und belehrte uns Offiziere, daß der Krieg verloren und Hitler der größte Verbrecher sei, den Deutschland jemals hervorgebracht habe. Der Beifall war zunächst spärlich, aber schließlich erklärten sie unmißverständlich: »wer diesem Bund deutscher Offiziere nicht durch seine Unterschrift beitritt, der hat es sich selbst zu verdanken, wenn er die Heimat nicht wiedersehen wird!« Das war schließlich ein überzeugendes Argument, und als einer der ersten ging mein ostpreußischer »Freund« an die Unterschriftenliste, gefolgt von allen »Sieg-Heil-Jodlern«. Nicht unterschrieben haben die evangelischen und katholischen Pfarrer und Theologiestudenten – und damit war plötzlich klar, wer die »Nazis« bei uns im Lager waren! – In der Baracke herrschte zunächst betretenes Schweigen. Ich konnte es mir aber nicht verkneifen, auf meinen »Freund« zuzugehen und zu sagen: »Herr Oberleutnant, Kommentar dürfte wohl überflüssig sein, aber gestatten Sie mir ...«: und ich rotzte ihm kräftig vor die Füße. Diesmal blieb der Kinnhaken aus, aber es gab immerhin spärlichen Beifall in der Baracke.

An großen Wandtafeln hängte die russische Lagerleitung fast täglich »Frontberichte« aus, die natürlich ausschließlich Siegesmeldungen enthielten. Hin und wieder wurde auch von der »Westfront« berichtet, aber nur sehr sparsam, denn was waren schon die Erfolge der Westmächte gegenüber den glorreichen Siegen der Roten Armee! – Einige Male aber hieß es, versprengte SS-Haufen hätten Bad Mergentheim mehrmals den Amerikanern wieder weggenommen. Da rechnete ich mir aus, daß die Amis wahrscheinlich ihre Artilleriestellungen genau am Hang hinter unserem Haus hatten. Ich konnte nur hoffen, daß es wirklich nur einige Desperados waren, die dort noch um den »Endsieg« kämpften. Die hatten doch hoffentlich keine Artillerie! – Nach der Heimkehr wurde mir bestätigt, daß meine Einschätzung der Geschütz-Stellungen genau richtig war. Glücklicherweise gab es keine Granateinschläge dort. Es war im Gegenteil ein »lustiger Krieg«: Die Kinder durften in die Stellungen kommen und bekamen Schokolade und Kaugummis von den Amis.

Aus diesem Lager gingen täglich Arbeitskommandos in die Stadt Oppeln. Sie mußten alle möglichen Gebäude ausräumen und das Diebesgut in Eisenbahnwaggons verladen. Die Kameraden machten sich einen Spaß daraus, alle Geräte und Apparate so unbrauchbar zu machen, daß schließlich bei den »Siegern« nur Schrott ankam. Aber diese Kameraden konnten auch nützlichere Sachen ins Lager schleppen – wo sie dann einen schwungvollen Handel damit trieben. Sie nahmen auch Bestellungen entgegen, und so brachten sie uns aus einer Schule eine lateinische und eine griechische Grammatik. Die einzige »Währung«, die uns arbeitsunwürdigen Offizieren zur Verfügung stand, waren Brotportionen, und das war bei der sparsamen Verpflegung schon ein echtes Opfer. Immerhin brachten wir es in Gemeinschaftsaktionen zu einer ansehnlichen Anzahl von Büchern. Diese wurden dann nach genauem Stundenplan herumgereicht – wobei die Sonnenuhr des Lagers Empfang und Weitergabe regelte. Bald bildeten sich auch regelrechte Lehrgruppen mit Lehrern – die wiederum mit Brotstückchen »besoldet« wurden.

Zu dieser Zeit hatten wir schon Kontakt mit unserem Landsmann Leo Faller aus St. Peter. Er hatte sogar bei Josef Volk in der Wallfahrtskirche schon ministriert. Wir saßen sehr häufig zusammen – vor allem, wenn es Leo wieder einmal gelungen war, etwas zu »organisieren«. Mal war es ein Säckchen getrocknetes Brot, mal brachte er »Machorka« mit und dazu Zeitungspapier. Das hatte er schon den Russen abgesehen, wie man sich so Zigaretten drehen konnte. Das Zeug schmeckte zwar fürchterlich; aber wir würden uns wohl noch an manches Ungewohnte gewöhnen müssen. – Leo brachte aber auch lustige Geschichten von seinen Arbeitseinsätzen mit: Da waren mongolische Soldaten, die die Gefangenen bei ihren Arbeiten bewachten. Einmal brachte ihm einer eine Schreibmaschine und verlangte, Leo solle da »Musik« rauskommen lassen. Da keiner den anderen verstand, suchte Leo ein Stück Papier und zeigte ihm, daß man mit dieser Maschine schreiben könne. Der Mongole war so enttäuscht, daß er die Schreibmaschine in die Ecke warf. – Ein andermal versuchten sich einige Mongolen an einem Fahrrad, woraus aber nichts wurde. Leo zeigte ihnen, wie man damit fahren kann, stellte sogar die Füße auf den Lenker und stand schließlich auf dem Sattel. »Artist, Artist« schrien die Kerle, und Leo brauchte an diesem Tag nichts mehr zu arbeiten: Er führte Kunststückchen vor und versuchte sich als Fahrlehrer – wohl ohne großen Erfolg. So brachte uns Leo gute Unterhaltung und viele nützliche Gegenstände mit – obwohl wir nichts dafür geben konnten. – Später, in Rußland, als wir manchmal etwas zum Teilen mit ihm gehabt hätten, war Leo nur sehr schwer zu finden!

Wir hatten bald einen Kreis aus Pfarrern, Theologiestudenten und interessierten Laien gebildet, der zunächst zu Diskussionen zusammenkam. Natürlicherweise ergab sich das Thema: Worin unterscheiden sich evangelische und katholische Kirche? Zunächst mußten wir alle einmal eingestehen – auch die Pfarrer! – daß wir herzlich wenig vom Glauben der anderen wußten. Um so größer war das Erstaunen darüber, daß im eigentlichen Glauben die Unterschiede recht gering waren. Als Hauptunterscheidungsmerkmale blieben übrig: der Papst und eventuell die Frage, was die Kirche eigentlich ist. Aber das waren nun wirklich Fragen, die uns im Gefangenenlager kalt lassen konnten.

Als sich herausstellte, daß unser Pfarrer Steinhauser ein ausgezeichneter Kenner der »Offenbarung des Johannes« war, bildete sich schnell um ihn ein richtiges »Seminar«. Er war auch Divisionspfarrer gewesen – »in Zivil« war er Gefängnispfarrer in Stuttgart. Großartig, wie er die geheimnisvollen Andeutungen dieses Buches mit den von uns erlebten »Zeichen der Zeit« zusammenbrachte. Dabei verlor er sich aber nie in Prophezeiungen sogenannter »ernsthafter Bibelforscher«, die aus diesen Zeichen die Anzeichen eines baldigen Weltuntergangs – des wievielten eigentlich? – glaubten voraussagen zu können. Wir konnten mit seiner Hilfe dieses Buch als das verstehen, was es sein wollte, ein Trostbuch, das in schwerer Zeit den endgültigen Sieg des Lammes verkündete, und damit auch denen, die treu blieben, die Vollendung der Erlösung zusagte.

Im ganzen Lager gab es nur ein einziges Lehrbuch für russische Sprache. Es waren aber auch nur zwei oder drei Interessenten für diese Sprache da – schließlich war der Krieg ja zu Ende – und wir im »Entlassungslager«! Zwar war ich auch als Gefangener Optimist geblieben, aber an eine baldige Entlassung konnte ich nicht glauben. Schließlich hatten wir dieses Rußland nach allen Regeln der Kunst zerstört, »verbrannte Erde« zurückgelassen, wo immer das möglich gewesen war. »Idealisten« meinten zwar, die Russen würden uns entlassen und dann das Deutsche Reich als Reparation zum Wieder-Aufbau verpflichten. Da war wohl der Wunsch der Vater des Gedankens! Die Russen seien schließlich schlau, wußten die Allerklügsten: Wenn die heute alle deutschen Gefangenen entlassen, wird in kürzester Zeit ganz Deutschland kommunistisch sein. Allen würde dann doch einleuchten, wie human der Kommunismus wäre – und wie sehr wir alle belogen worden waren! In endlosen Diskussionen wurde das Für und Wider erörtert.

Ich beteiligte mich wenig an solchen klugen Erörterungen. Mir schien es wichtiger, auf alle Fälle russisch zu lernen. Aber das war gar nicht so einfach. Ich konnte keinerlei gemeinsame Wurzeln mit unserer Sprache entdecken, obwohl es doch eine indogermanische Sprache sein sollte. Ich hatte mir vorgenommen, täglich etwa 20 russische Wörter zu lernen. Am Abend hatte ich mir diese dann meist einigermaßen eingeprägt – nur am nächsten Tag erschienen sie mir wieder so fremd, als würde ich sie zum ersten Mal sehen. Immerhin blieb aber doch einiges hängen, so daß ich später, als mir die lebendige Sprache begegnete, leichter darauf aufbauen konnte.

In meinen Gedanken – und Gebeten – spielte da aber immer auch noch eine Erinnerung mit: Als ich mich bei der Unteroffiziersausbildung, damals in Frankreich, wieder einmal nach Kräften gegen meine »freiwillige« Nennung als ROB (Reserve-Offiziers-Bewerber) sogar in einem wahnwitzigen Aufsatz über

»Meine Gedanken bei der Ernennung zum ROB« gewehrt hatte, weckte mich nachts um 2 Uhr der Oberleutnant Schneider: »Stehen Sie sofort auf, ziehen Sie sich an und kommen Sie rüber zu mir!«

Zuerst gab es mal einen kräftigen Anpfiff: »Sind Sie verrückt geworden? Wenn dieser Aufsatz in entsprechende Hände gekommen wäre, hätte man sie glatt wegen ›Zersetzung der Wehrkraft‹ an die Wand gestellt!« Mein Einwand galt ihm nichts: »Sie wollten meine Gedanken bei der Ernennung – bitte, das sind sie! – Im übrigen bin ich ja katholischer Theologie-Student und als solcher ohnehin nicht würdig, Offizier zu werden!« »Mensch, Behr, ich bin evangelischer Pfarrer! Glauben Sie, ich wäre das aus Begeisterung für Hitlers Krieg und Sieg? Ganz gewiß nicht. Aber eines will ich Ihnen sagen: Wenn Gott Ihnen das Zeug gegeben hat, mit dem Sie Offizier werden können, dann werden Sie es gefälligst! Nicht für Hitlers Sieg, sondern für Ihre Kameraden! Sonst kriegen die vielleicht an Ihrer Stelle einen jungen ›Schnösel mit Halsschmerzen‹ (einer, der das Ritterkreuz kriegen will – notfalls ohne Rücksicht auf das Leben seiner Männer)!«

An der Front hatte sich mir dieser Einwand schon manchmal als berechtigt erwiesen. Sollte das nicht vielleicht jetzt auch – in der Gefangenschaft – gelten? Auf jeden Fall mußte es jetzt erst recht heißen: »Dein Wille geschehe; ich bin bereit!« – Und wie viele Möglichkeiten bot mir in der Gefangenschaft gerade die Tatsache, daß ich Offizier war! Ich will nicht übertreiben, aber es wären möglicherweise einige mehr aus Hunger umgekommen!

Eines Morgens mußte zu ungewöhnlicher Zeit das ganze Lager antreten. Langsam sprach sich herum, in der Nacht seien ein Dutzend Offiziere abgehauen. Die waren anscheinend aus der anderen Offiziers-Baracke, deshalb ließ man uns ziemlich unbehelligt, zumal wir nach x-mal durchzählen vollzählig waren. Ich erinnerte mich, daß mich mal ein junger Leutnant – ich kannte ihn nicht – sehr verklausuliert gefragt hatte, ob ich wohl an einem Ausbruch interessiert wäre. Ich war das nicht, und so war das Gespräch schnell zu Ende. Doch auch jetzt hütete ich mich, mich daran auch nur zu erinnern. – Nach Tagen sprach sich herum, diese jungen Offiziere hätten einen Heizungsschacht einer früheren Gärtnerei auf dem Lagergelände entdeckt, der aus dem Lager hinausführte, und der nur leicht am Ende zugeschüttet war. Bald gaben auch die Russen bekannt: Die Flüchtlinge seien alle »geschnappt und erschossen worden«. Das klang ja nun nicht sonderlich glaubwürdig – aber war diese Flucht ein so todeswürdiges Verbrechen? – Vor allem wenn man uns doch ohnehin bald entlassen wollte?

Dieser so vage Glaube an eine baldige Heimkehr wurde durch ein anderes Ereignis noch mehr erschüttert: Da kam ein neuer Gefangenentransport im Lager an. Wir wurden vom Lagertor weggejagt, denn anscheinend sollten wir nicht sehen, was da ankam. Bald sprach sich herum: Die kommen aus Rußland! Und wahrhaftig, das war ein Jammerzug von Gespenstern: Zerlumpte und zerrissene Kleiderreste hingen an Gestalten, die den Eindruck von mit Lederhaut überzogenen Gerippen machten. Das sollten ehemalige deutsche Soldaten gewesen sein? Nun hatte im Sommer 45 auch uns die Lagerkost längst von allen Sorgen um Übergewicht befreit. Aber was da ankam, schien wie ein Zug aus den untersten Kreisen der Hölle zu sein. – Erst nach Tagen durften diese Leute sich frei im Lager bewegen. Aber es war sehr schwer, mit ihnen ins Gespräch zu kommen. Sie wollten gar nicht sprechen! Wo sie herkämen – das wußten sie nicht. Was mit ihnen geschehen sollte? »Skora damoi« habe man ihnen gesagt. – Na also, wir waren ja doch ein Entlassungslager!

Doch eines dieser »Gespenster« sprach mich plötzlich an – er hatte wohl an meiner Mütze »Tauberbischofsheim« gelesen. »Kennst du mich nit?« Ich schaute ihn lange an, irgendwas erschien mir bekannt. Da er aber ein ganz alter Mann war, wußte ich nicht, wo ich ihn hinstellen sollte. »Wo hascht du in Bischeme deine Hoor schneide lasse?« fragte er mich. Ich antwortete: »Beim Baum ... – sag bloß du bist der Frisör Baumann!« »Ja, der war ich emol!« Jetzt erst überfiel mich richtiges Erschrecken: Dieser gesunde, starke, kräftige Mann, den ich in Erinnerung hatte, war nur noch eine Jammergestalt! Unser erstes Gespräch dauerte denn auch gar nicht lange – er schlief im Sitzen neben mir ein!

Mit dem Frisör traten auch meine Gedanken an daheim wieder in den Vordergrund. In meiner Baracke riß ich einen Fetzen von meinem Hemd ab und schrieb – mit einem geliehenen Tintenstift – an meine Freundin Elisabet Zimmermann: »Ich bin im Lager Oppeln. Es geht sicher noch für lange nach dem Osten!« Baumann erlaubte mir, diesen Fetzen in seine verdreckte, schmierige Mütze einzunähen. Er versprach mir fest, diese Nachricht an Elisabet zu geben – »natürlich kenne ich die, gut sogar!« – Die Nachricht kam nie an! Als ich ihn Ende 1949 in Tauberbischofsheim besuchte, konnte er sich an gar nichts erinnern, auch nicht an unsere Begegnung im Lager Oppeln. Aber seine Frau wußte, daß er, kaum angekommen, sagte: »Schmeiß alle Klamotten in den Ofen, die sind verlaust, die will ich nie mehr sehen!« Er hat noch einige Jahre gelebt – richtig gesund geworden ist er nicht mehr!

Es gab von Oppeln aus keine Gelegenheit mehr, an Elisabet zu schreiben – sie hat sich übrigens ihr Leben lang geweigert, an Elisabet noch ein h anzuhängen. Selbst ihr gestrenger Vater konnte sie dazu nicht bewegen – und zwingen ließ sie sich ohnehin von niemand und zu nichts! – Als ich nach einem Jahr in der Gefangenschaft erstmals Gelegenheit hatte, eine Nachricht nach der Heimat zu schreiben – mit der berühmten braunen Gefangenen-Karte – habe ich mich nach langem inneren Kampf entschlossen, nicht an Elisabet zu schreiben: Dieses wunderbare Mädchen sollte nicht glauben, auf einen Gefangenen warten zu müssen, der nach wer weiß wie vielen Jahren nachhause kam – wie das »Gespenst Baumann«! Aber da hatte ich mich in mehrfacher Hinsicht getäuscht: Gerade weil Elisabet sah, was da an ehemaligen Soldaten aus Rußland wieder heimkam, war es für sie selbstverständlich, auf mich zu warten – trotz vieler verlokkender Eheangebote – und obwohl sie nicht nur wußte, sondern fest damit rechnete, daß mein Berufsziel eine Ehe nicht ermöglichen würde! Doch da hat jemand »quergeschossen«, ausgerechnet die »Behre Anna«, meine Mutter, die bestimmt nichts sehnlicher wünschte – wenn ich schon einigermaßen gesund heimkäme – als daß ihr Sohn Priester würde, ausgerechnet sie fuhr nach jeder erhaltenen Karte nach »Bischeme« und richtete Elisabet Grüße aus! Das habe ich erst lange Jahre nach der Heimkehr eigentlich zufällig erfahren. Dabei war sie klug genug gewesen, nie die Karte zu zeigen! Als ich ihr dann Vorwürfe machte und ihr sagte, daß ich da sehr wohl überlegt gehandelt hätte, da hat aber die Behre Anna aufgetrumpft: »Des hat des brave Madle nit verdient! Entweder ihr werdet euch ordentlich einig – oder du kannscht halt kein Pfarrer werde!« – Ich glaube, da muß mir die Kinnlade runtergefallen sein!

Erst viel später, im Jahr 1948, habe ich mich dann doch entschlossen, an Elisabet zu schreiben. Unter den tagebuchähnlichen Aufzeichnungen, die ich in die Seitenbretter meines »Gefangenenkoffers« hineingestampft hatte, fand ich zwei Karten von Elisabet und eine von meiner Mutter. Am 13. Februar 1948 schrieb da Elisabet auf der braunen Karte in »Minischrift« einen richtigen Brief, der so begann: »Dein Geburtstagsbrief 1945 war der letzte, der von 1948 der erste, den ich von Dir erhalte. Meine Freude darüber kannst Du Dir vorstellen ...«

Die Zeit in jenem Sommer 45 verging quälend langsam. Die Gerüchteküche sprudelte täglich über – leider nicht so die Verpflegung. Die Russen selbst ließen immer wieder verlauten: »Skora damoi!« bald geht's nach Haus. Wer hätte das nicht gern geglaubt. Aber es blieb uns am Abend bei den Sonnenuntergängen von einer bestimmten Stelle aus nur der Blick weit nach dem Westen. Dann war auch die Dunkelheit immer sehr nahe – innen und außen! In mancher Nacht suchte ich das »Bärenreiterle«, den kleinen Stern über der Gabel des großen Wagens. Das hatte ich so mit Elisabet als unseren Treffpunkt ausgemacht.

Und auf einmal ging es dann los: »Dawei, dawei! Schnell, schnell, schnell!« Der Transportzug stand schon bereit. Aber wo sollte es hingehen? Die Iwans hatten Übung in solchen Situationen: »Noch nicht gleich nach Haus, erst noch Aufräumungsarbeiten im zerstörten Dresden – aber dann ...!« Fast im Laufschritt gings in die Waggons, und wie viele da in jeden hineingestopft wurden! Türe zu – und da standen wir. Nun ja, nach Dresden ist es ja nicht so weit, sagten wir uns. Wir standen Tage und Nächte, und meist stand auch der Zug! Wenn er aber fuhr, dann kamen erste Zweifel auf. »Der fährt ja gar nicht nach dem Westen!« Mehr und mehr nahm der Zug Fahrt auf. »Vielleicht müssen wir in Warschau aufräumen – dann gnad uns Gott!« Noch immer standen wir, waren es zwei Tage oder schon drei? Mit einer Gruppe junger Offiziere begannen wir die »Sardinenbüchse« planmäßig zu füllen. An der einen Wand fingen wir an: »Los, auf die Seite legen, näher ran!« Wir halfen mit den Schuhen nach, bis alle einen »Schlafplatz« hatten. Natürlich wurde kräftig geschimpft und geflucht. Vor allem die, die an der »Toilette« lagen, schimpften wie die Rohrspatzen. »Nach zwei Stunden wird abgelöst: Die zwei am Kübel gehen an die Wand, alle rücken weiter!« Im Übrigen konnte man sich nur auf Kommando umdrehen. Auf dem Rücken konnte keiner liegen. Immerhin konnte man jetzt überhaupt zum Kübel kommen, der wenigstens einen Ablauf nach draußen hatte.

Hans Schneider erlebte den Transport etwas anders: »Ein im Lager kursierendes Gerücht machte uns wenig Mut. Nach Berlin sollten wir gebracht werden, um Trümmer zu beseitigen. Wir wurden schmählich enttäuscht. Wir fuhren zwar ab in Waggons, durch deren in 2 Meter Höhe vorhandene, drahtbewehrte Luftklappe wir die Fahrtrichtung erkennen konnten. Aber der Zug fuhr nicht nach Berlin, sondern nach Osten!

Zwei Wochen lebten wir mit je 30 Mann, so schätze ich, in den Güterwaggons. Eine Hälfte der »Passagiere« belegte den Boden, die andere eine durchgehende Pritsche darüber. Der Raum zwischen den beiden Seitentüren war frei. Tagsüber war es noch erträglich, weil Licht durch die Luken fiel, die Türen schon mal geöffnet wurden, damit wir unsere Notdurft verrichten und frische Luft schnappen konnten. Nachts war es schlimmer. Nicht die Dunkelheit allein war es dann, die uns quälte.

Immer wieder wurden wir geweckt, wenn einer zum Kübel-Klo mußte, was in den langen Nächten öfter geschah. Der Kübel stand an der Seitentür, die nie geöffnet wurde. Man stelle sich vor, wenn einer aus der hintersten Ecke über die andern krabbelnd dem Kübel zustrebte und es dabei noch eilig hatte!«

Hans Schneider hat es da schon etwas besser angetroffen als wir. Hatte man vielleicht für uns Offiziere besonderen »Komfort« ausgedacht?

Es waren schreckliche Tage und Nächte. Die ganze Fahrt dauerte etwa vier Wochen! Schließlich empfanden wir es gar nicht als so unangenehm, daß unterwegs einige gestorben waren – es gab wenigstens etwas mehr Platz!

Mein Gedächtnis hat wohl als eine Art »Akt der Selbsthilfe« diese Zeit weitgehend »getilgt«. Hunger und Durst waren unerträglich, denn es gab an vielen Tagen weder etwas zu essen noch zu trinken. Der Zug fuhr manchmal bei Tag wie bei Nacht ohne Aufenthalt – dann stand er wieder Tage und Nächte, aber niemand öffnete von außen die Waggontüren. – Und doch haben wir ein einziges Mal alle gelacht, soweit ich mich erinnern kann: Da fragte doch einer unserer unglücklichen alten Herren mit weinerlicher Stimme: »Ach, Herr Seneschal, sind das Ihre Füße oder sind das meine Füße?« Das wurde zu einem beliebten, auch später oft gebrauchten Zitat.

Die Fahrtrichtung war ein Dauerrätsel. Mehr und mehr mußten wir aber einsehen: mit dem goldenen Westen wird das nichts! »Hoffentlich schaffen die uns nicht nach Leningrad!« war ein drohender Gedanke. Doch, einige, die zum kleinen Fensterspalt hinaussehen konnten, meldeten: »Es geht eindeutig in Richtung Leningrad!« – Aber es ging noch weiter. »An den Wolchow? Nach dem nördlichen Eismeer?« Einmal standen wir tagelang. Dann bewegte sich der Zug in entgegengesetzter Richtung. Manche wollten sogar wissen: »an Leningrad vorbei und dann wieder Richtung Westen.« – Bis es dann plötzlich hieß: »Aussteigen, dawei, dawei!«

Kapitel 4

Rudnizkaja

Junge russische Soldaten nahmen uns in Empfang, als wir in Rudnizkaja eintrafen – mit wahnsinnigem Geschrei und Schüssen in die Luft. Dabei war keine Rampe da, man mußte aus dem Waggon auf Steine und Geröll herunterspringen. Und immer wieder dieses Gebrüll: »Dawei, dawei, dawei«! Immerhin blieben die Kerlchen in respektvoller Entfernung, obwohl sie sich gebärdeten, als wollten sie uns erschlagen. Dazu Sturm und Schneeregen! – So hat uns Rußland »empfangen«. Wie eine Herde Schweine wurden wir ständig angetrieben und liefen schließlich im »Schweinsgalopp« in die angegebene Richtung. Erstaunlich war dabei, daß uns die russischen Soldaten auf der Straße – wenn man diese Aneinanderreihung von Pfützen so nennen konnte – gehen ließen und selbst den viel beschwerlicheren Weg daneben »über Stock und Stein« gingen.

Sehr viel später erfuhren wir, daß diese jungen Soldätchen für ihre neue Aufgabe eine spezielle »Aufklärung« bekommen hatten: Sie mußten in uns »Faschisten und Kriegsverbrechern« wilde Bestien sehen, die am liebsten russische Menschen – einschließlich Wachsoldaten – bei lebendigem Leib mit Haut und Haaren auffressen würden! Ihr Geschrei war also pure Angst, die sie nun uns einflößen wollten.

Wie lange wir so getrieben wurden, wie weit der Weg war, das alles weiß ich nicht mehr. Ich entsinne mich nur, daß wir gelegentlich zerstörte Häuser und Fabrikanlagen zu sehen bekamen, bis wir schließlich durch das Tor eines mit Stacheldraht umzäunten Lagers getrieben wurden. Die Posten blieben draußen und wir standen in einem Sumpfgelände, in das Lkws tiefe Spuren gegraben hatten, die nun alle voll Wasser standen. Es gab einige Baracken, die aussahen, als wären sie fertig zum Bezug und andere, die noch ohne Dach in verschiedenen Aufbauphasen herumstanden.

Da standen wir nun, standen stundenlang und »harrten der Dinge, die da kommen sollten«. Auf einmal kam Josef Volk zu unserer Gruppe und schimpfte mit uns nach alter preußischer Manier: »Was steht ihr da herum und laßt die Nase in den Dreck hängen? Kopf hoch, wenn der Hals auch dreckig ist! Da hat uns der Herrgott nun in diesen Schlamassel hineingeführt – er wird schon wissen, wie er uns auch wieder herausbringt! Im übrigen ist heute der Festtag der »Mutterschaft Mariens«, das kann nur ein gutes Vorzeichen sein!« Es muß also der 10. Oktober gewesen sein! Nun, gerade mit dem letzteren wußten wohl die wenigsten etwas anzufangen, auch für mich war es nur eine vage Erinnerung an Tage in der Schönstatt-Gruppe, aber immerhin, seine Zuversicht hatte uns schon ein wenig angesteckt.

Nach langer Zeit erschien eine Gruppe russischer Offiziere zusammen mit einem Gefangenen, der sich als Dolmetscher betätigte. »Alles zurück auf den Appellplatz, alle antreten zu fünf, Offiziere nach rechts!« Diese wohl ehemalige Waldlichtung sollte also später mal einen »Appellplatz« geben. Wer jetzt Pech hatte, der stand in einer Pfütze, aber da mußte er stehen, denn unsere »Befreier« konnten nur nach Fünfer-Gruppen zählen, und die mußten genau hintereinander stehen! Sollte jemand noch trockene Füße, Schuhe, Strümpfe oder Fußlappen gehabt haben, dann wurden die jetzt alle durchnäßt – und blieben für die meisten so auf Wochen hinaus.

Auch Hans Schneider schreibt dazu: »Mit Verbitterung denke ich an die abendlichen Zählappelle im Winter 1945/46. Nach Verlassen der warmen Baracken traten wir, wie befohlen, auf der grell erleuchteten Lager-Straße an, warteten in der grausigen Kälte, auch bei Schneegestöber, und konnten uns nicht von der Stelle rühren. Endlich begann die Zählerei mit »fünf, zehn, fünfzehn ...« entlang der Front. Stimmte etwas nicht, ging die Prozedur von vorne los. Diesem Geschehen wehrlos ausgeliefert zu sein, war zermürbend, besonders dann, wenn wir sahen, daß die Zähler angetrunken waren. Da haben wir sie gehaßt!

Was unseren Zorn auch erregte, war das arrogante Benehmen des neben den Russen fungierenden deutschen Lagerleiters, eines Gefangenen wie wir. – (Der »offizielle« Lagerleiter war allerdings der deutsche Major Glaser. Der, den Hans hier meint, war der Antifa-Mann Stiller!) – Er, ein Kommunist, stolzierte gut genährt in Breecheshose und Schaftstiefeln einher und demonstrierte uns seine ihm von den Russen verliehene »Macht und Würde«. Er stammte aus Breslau. Der Haß seiner Landsleute war so groß, daß sie ihn später in einem anderen Lager zu Tode geprügelt haben – das erfuhr ich aber erst später vom Kameraden Alfred Behr, mit dem ich 1988 wieder Kontakt bekommen habe.«

Hier, bei den ersten Zählappellen bekam man auch erstmals einen Eindruck, wie groß unser Transport war. Wir hatten ja nie sehen können, wie viele Waggons zu unserem Transport gehörten. Und nie wurden die Türen für alle zu gleicher Zeit geöffnet.

Jetzt waren zum erstenmal alle zu gleicher Zeit zu sehen. Nur, wie viele wir waren, darüber wurde gerätselt und gestritten. Einig war man sich darüber, daß wir sicher über 2000 Gefangene waren.

Nun ja, im Umgang mit Gefangenen hatten die Russen eben jahrhundertelange Erfahrung! Gerade dieser Erfahrung war es wohl auch zu verdanken, daß wir Offiziere verhältnismäßig rasch in zwei Baracken eingewiesen wurden, die schon – fast – fertig waren. So konnte schon niemand von uns auf die Soldaten Einfluß nehmen. Es wird ja wohl kein Anflug von Reminiszenzen an die Genfer Konvention gewesen sein, in der für Offiziere eine besondere Behandlung vorgesehen war. Hier bedeutete es jedenfalls eine gewaltige Bevorzugung, daß wir in einen Stall einziehen konnten, der nicht nur nach oben mit einem Dach abgeschlossen war. Es waren darin sogar schon zweistökkige Betten – selbstverständlich nur mit blanken Brettern. Aber selbst darauf mußten viele unserer Landser noch wochenlang warten! Und, man sollte es nicht glauben, in unserer Baracke war sogar ein Ofen – bloß natürlich kein Spänchen an Brennmaterial. Da vergingen noch Tage – für manche wahrscheinlich Wochen, bis die Kamine rauchen konnten. Denn auf Heizmaterial hatten »Faschisten und Kriegsverbrecher« logischerweise keinen Anspruch. Aber mit dem Beginn der Bauarbeiten an den restlichen Baracken fand sich auch mehr und mehr Brennmaterial im Lager ein. So mancher angelieferte Balken, manches Brett und auch Baracken-Fertigteile fanden so eine soziale Verwendung.

Auch in diesem Lager galt – zunächst wenigstens – daß Offiziere nicht arbeiten durften. Doch bald warb man um freiwillige Offiziere für ein »Holzkommando«; die sollten Brennholz für das Lager beschaffen. Es meldete sich eine starke »Brigade«, nicht nur des guten Zwecks wegen, sondern vor allem auch, um aus dieser stinkigen Baracke für Stunden herauszukommen. Denn gelüftet werden durfte natürlich nicht; gleich begann das Geschrei: »Türe zu! Habt ihr daheim Säcke an den Türen?« Im übrigen galt der Grundsatz: »Erstunken ist noch keiner, aber schon viele sind erfroren!«

In unserer Unerfahrenheit als Gefangene glaubten wir doch tatsächlich, wir würden Holz machen für das Lager – vor allem natürlich für die eigene Baracke! Typischer Fall von »Denkste«! Zunächst mußte Holz geschlagen werden für die ringsum, allerdings auch sehr primitiv untergebrachten Russen. Immerhin auch für die Lagerküche, was natürlich sehr einsichtig war. Aber hier lernten wir auch sehr schnell für uns selbst zu sorgen: Man glaubt gar nicht, welche Menge Holz von einer fünfzigköpfigen Brigade unter der Kleidung versteckt ins Lager geschmuggelt werden konnte. Von da an ging unser Ofen nicht mehr aus!

Ein anderes schwieriges Kapitel aber war, daß von diesen 50 Offizieren nur wenige schon jemals ein Beil oder eine Säge in der Hand gehabt hatten. Der russische Aufseher schrie wie ein Berserker: »Dawei, dawei, raboti!« Und wenn wir am Abend das »gesollte« Maß nicht geschafft hatten, dann durften wir oft lange nicht ins Lager zurückmarschieren. Allerdings meuterten dann die Posten, die Angst hatten, wenn es Nacht wurde. Da könnte ja leicht einer abhauen – und schließlich war für sie die richtige Zahl von Gefangenen, die sie am Lagertor abliefern mußten, wichtiger als die Norm, die erfüllt werden sollte. Ja, hier tauchte für uns wohl erstmals das Wort »Norma« auf, das in den folgenden Jahren geradezu ein Schicksalswort werden sollte. Noch interessierte es uns nicht sonderlich, was russische Arbeiter hier leisteten – schließlich waren wir Offiziere und arbeiteten nur freiwillig, was wir eigentlich ja gar nicht nötig gehabt hätten. Da ich einer der wenigen »Facharbeiter« dieser Gruppe war, war meine Hilfe oft erforderlich beim Fällen der Bäume. Die meisten Kameraden wußten nicht, wie man einen Baum dazu brachte, in der gewünschten Richtung umzufallen. Ganz abgesehen davon: Wie gehen zwei Mann mit einer Säge um? Aber es gab da noch eine weitere Schwierigkeit, bei der ich mich auch zum »Spezialisten« entwickelte: Der russische Aufseher verlangte, daß alle Äste und als Brennmaterial nicht brauchbares Holz an Ort und Stelle verbrannt werden mußte. Aber wie machte man Feuer im Schnee und im verschneiten Winterwald? Für mich kein Problem, denn ich hatte mit meinem Vater in jedem Winter eines unserer Waldstücke durchgearbeitet und gesäubert. Und Feuermachen, das war schon immer mein Vergnügen gewesen. Man einigte sich also darauf, daß ich von Gruppe zu Gruppe gehen, Feuer machen und gelegentlich beim Umsägen mithelfen sollte, dafür wollten die anderen meine Norm miterfüllen, die ja ohnehin nie erreicht wurde.

Bei dieser Tätigkeit muß ich auch den Russen aufgefallen sein. Bald drängte man mich, bei einer »normalen« Holzfäller-Brigade als für Disziplin und Ordnung zuständiger Offizier mitzugehen. Arbeiten, versicherte man mir, brauchte ich als Offizier natürlich nicht! Hier gab es aber bald den ersten Zusammenstoß mit der Arbeitsabteilung der russischen Lagerleitung. Dem antreibenden Aufseher versuchte ich klar zu machen, daß meine Leute unmöglich so viel Holz fällen und stapeln konnten, wie angeblich russische Arbeiter fertigbringen. Schließlich seien das Lehrer, Beamte und eben Leute, die nie im Wald gearbeitet hatten. Er schrie jedoch aus Leibeskräften: »Sabotage, Sabotage!« Am Abend beim Zählappell passierte es dann: »Leutnant Behr raustreten! Wegen Sabotage zu drei Tagen strengem Arrest verurteilt!« Sogleich wurde ich von zwei Posten abgeführt und in einem kleinen Zimmer in einer Baracke – mit einem nur durch Stacheldraht abgesicherten Fenster – eingesperrt. Zu essen bekam ich natürlich an diesem Abend nichts – das gab es ja ohnehin immer erst, wenn der Zählappell stimmte. Zähneklappernd ging ich die wenigen Schritte auf und ab, versuchte mich mit gymnastischen Übungen einigermaßen warm zu halten, was natürlich nur sehr eingeschränkt möglich war. Tröstlich war, daß bald einige Kameraden ans vergitterte Fenster kamen und mir kleine Brotstückchen brachten, die sie offensichtlich von ihren spärlichen Rationen abgebrochen hatten. Die Nacht war lang und kalt. Am Morgen wurde ich herausgeholt und zu meinem Kommando gebracht. Man bedeutete mir, daß ich nur nachts eingesperrt würde, am Tage hätte ich zu arbeiten! Am Abend »vergaß« man mich einzusperren, als »Gegenleistung« ließ ich den Plan fallen, mich zu beschweren. Ich hätte ohnehin wenig Aussicht auf Erfolg gehabt. Der deutsche Lagerkommandant, Major Glaser, hatte mir ohnehin schon klar gemacht, er könne mich in dieser Angelegenheit nicht unterstützen. Klar, sonst wäre er womöglich selbst zum »Saboteur« geworden, und mit der doch einigermaßen ernährungsgünstigen Stelle als Lagerkommandant wäre es vermutlich aus gewesen.

Inzwischen war eine wesentliche Verbesserung unserer Lage eingetreten: Unser Freund Leo mußte eines Abends mithelfen, unsere Toten zu begraben. Es starben jeden Tag einige, und jeden Abend mußte ein Kommando die Toten in Papiersäcke stecken und auf einem Schlitten zur Beerdigungsstelle bringen. Trotz dieser unangenehmen Aufgabe sah Leo eine positive Möglichkeit: Er versorgte uns, seine Freunde, mit solchen Papiersäcken. Die konnte man immerhin auf die blanken Bretter ausrollen, und als wir genügend davon hatten, uns auch damit noch zudecken. Später wurden diese Säcke sogar noch langsam mit Stroh angefüllt. Welch ein Luxus! Nur mußte auch das Stroh eben »organisiert«, zu deutsch geklaut werden. Daß diese Säcke eigentlich für uns bestimmt waren, wenn wir mal leichenstarr sein sollten, hat keinen von uns gestört!

Im Lager wurden immer noch Baracken aufgebaut. Und die wurden auf den Deckenplatten gegen die Kälte isoliert mit genormten Platten, in denen gepreßtes Stroh durch zwei Pappdeckelschichten zusammengeklebt waren. Um an das wertvolle »Rohmaterial« Stroh heranzukommen, mußten natürlich diese genormten Platten zerstört werden. Und am Ende fehlten an der neuen Baracke logischerweise einige solche Platten. Das war weiter nicht schlimm, man klaute sie eben von der nächsten Baracke.

Bald wurde ich auch selbst zu solch einer Barackenbau-Brigade versetzt. Dabei konnte ich feststellen, daß das »fertige« Lager nur durch einen einfachen Stacheldraht von dem im Bau befindlichen abgetrennt war. Beobachtungen ergaben, daß nur der Außen-Stacheldraht, der um das ganze Lager, nachts beleuchtet und bewacht war. So konnten wir, zusätzlich zu dem, was wir bei Tage schon unter unserer Kleidung mithereinschleppten, auch noch nachts durch diesen Stacheldraht hinauskriechen auf die Baustelle – und einsammeln, was wir bei Tage alles schon für den Abtransport bereitgelegt hatten.

Bei Josef Volk muß sich wohl damals schon die Meinung gebildet haben, »der Alfred klaut doch wie eine Atzel (Elster)!« Das hat er viele Jahre später beim Essen nach dem Primizamt als Vorspeise zum besten gegeben. – Josef konnte das wie kein anderer: Schüchtern erhob er sich von seinem Platz mir gegenüber und bat, ein Wort sprechen zu dürfen. Er holte tief Luft, und aus der gebeugten demütigen Gestalt wurde ein Riese mit einer Heldenbrust? Aber nein, Josef blieb der schüchterne, demütige, gerührte und rührselige Prediger, der wie Hilfe suchend die Augen zum Himmel erhob – und dann wieder wie ein Bußprediger auf seine gefalteten Fingerspitzen sah. Noch bevor er das erste Wort sprach, hingen alle Augen seiner andächtigen Zuhörer an seinen Lippen. Schließlich öffnete er die Lippen und sprach die salbungsvollen Worte: »Alfred, mein Freund, und ihr Kameraden aus den dunkelsten Tagen der deutschen Geschichte, die wir auszubaden hatten – und o ihr alle, die ihr diesen Freudentag des Neupriesters Alfred Behr miterleben dürft! Gestattet mir, einer heiligen Pflicht mich zu entledigen: In den schweren Tagen der russischen Gefangenschaft, wo der Wert – oder Unwert – eines Menschen sich in so klarer Weise offenbarte«, – lange Pause, er hatte Mühe, seine Rührung zu bewältigen! – »In diesen Tagen habe ich ein Versprechen gegeben – und ich müßte vor mir selber ehrlos dastehen, wenn ich es nicht einlösen würde.« – Ein Versprechen? Weiß ich nicht! Da steckt doch eine Teufelei dahinter! »Alfred, habe ich damals gesagt« – lange Pause – »wenn ich je auf deiner Primiz sein werde« – lange Pause, sichtliche Rührung! »Dann werde ich allen erzählen« – der wischt doch tatsächlich Tränen, wo gar keine sind! – Aber die hingerissenen Zuhörer, die wischen echte Tränen! »Ja, so schwer es mir fällt, aber ich muß es sagen.« – Es muß schon ein gewaltiger innerer Kampf sein, den er da zu bestehen hat: »Ja, ich muß es sagen, selbst wenn es niemand verstehen würde: *daß du geklaut hast wie eine Atzel*!« – Die an seinen Lippen hängenden »andächtigen Zuhörer« waren zuerst geschockt. Ungläubiges Staunen, betretenes Schweigen: »Was hat er gesagt?« Und dann, erst verhaltenes, dann immer lauteres Gelächter. – Sehr viel schneller hatten das allerdings die anwesenden Kameraden aus der Gefangenschaft begriffen. Die schrien: »Zapzerap, Saprali!«.

Doch wieder zurück nach Rudnitzkaja: Inzwischen hatte mein Russisch einige Fortschritte gemacht. Unter Zuhilfenahme von Händen und Füßen konnte ich mich schon leidlich verständigen. Vor allem lernte ich sehr schnell eine besondere »Kategorie« der russischen Sprache: Nachdem ich gemerkt hatte, hier bekommt der recht, der am längsten und am lautesten fluchen kann, »mußte« ich mir natürlich einige Litaneien solcher Flüche zulegen. Oft habe ich erst sehr viel später kapiert, mit was ich da um mich geschmissen hatte. Immerhin, die gewünschte Wirkung hat es oft erzielt.

Nicht allzu viel später wurde ich einer Lagerbau–Brigade zugeteilt. Meine Hauptaufgabe sah ich darin, das Aufwärm-Feuer stets am Brennen zu halten. Die Arbeitsleistung war nicht überwältigend, denn wir waren uns darin einig: »Bei solch einem Fraß muß man bei der Arbeit vor allem Kräfte sparen!« Im übrigen war es ja nun Winter geworden, und erst gegen 10 Uhr vormittags wurde es einigermaßen hell, dafür um 4 Uhr schon wieder dunkel. Wir waren weitgehend uns selbst überlassen, denn Posten standen nur auf den Wach-Häuschen am Stacheldraht. Und nur selten einmal kam ein Aufseher. Zu ihm gehörte es wohl, daß er schimpfte und schrie, so wie es zu uns gehörte, daß wir besten Willen zeigten, eifrig Arbeit mimten, aber leider immer sagen mußten: »Nix panimai!«

Schwierigkeiten gab es regelmäßig am frühen Morgen: Wir kamen ja schon halb erfroren – nach dem allmorgendlichen langwierigen Zählappell – auf der Baustelle an. Daß es meine Aufgabe war, Feuer zu machen, darin waren wir uns alle einig. Nur wer dafür das Holz besorgen sollte, das war jeden Morgen wieder die große Frage. – An einem besonders kalten Morgen schimpfte und fluchte ich auf die »faule Bande«, zog Anorak und Jacke aus, wickelte die Ärmel hoch und wollte zeigen, wie man auch bei dieser Kälte noch schaffen konnte. Mit einem Beil bewaffnet ging ich um zwei Ecken – und wer stand vor mir: der Ingenieur-Offizier! Ich grüßte den Herrn Oberleutnant und machte laut und vernehmlich Meldung. Drinnen aber lachten die Kameraden nur und meinten, ich wollte sie veräppeln. Selbst als der Oberleutnant mich begrüßte und sagte: »Karascho, Offizier rabotit«, meinten die drinnen, das hätte ich selbst mit verstellter Stimme gesagt. Dann aber ließ der Russe eine Schimpfkanonade los auf die faulen Deutschen, die sich mal ein Beispiel nehmen sollten an ihrem Offizier, der zeigte, daß es nicht zu kalt zum Arbeiten war. Daraufhin schlichen alle davon, so daß ich mit dem Russen allein stand. Er bot mir eine »Papyrossi« an, die erste wohl, die ich in Rußland geraucht habe. Danach verlief dieser Tag wie alle Tage zuvor und noch viele danach.

Am Abend, beim Zählappell, hieß es wieder: »Leutnant Behr, raustreten!« Mir schwante Böses: Nun sollte ich wohl wieder wegen »Sabotage am sozialistischen Aufbau« bestraft werden, denn immerhin hatte ich ja meine Aufgabe nicht erfüllt und die Kameraden nicht zur Arbeit angetrieben. Aber es kam anders: Der Arbeitsoffizier hielt eine große Rede, wie dieser junge »Affizerr« vorbildlich gearbeitet habe, obwohl sein Kommando eine faule Bande wäre. Und als große Anerkennung bekam ich ein ganzes großes Paket Tabak. Und da war ich mit meinen Kameraden wieder schnell einig: Das haben wir alle mitverdient! Natürlich mußte dann auch mit allen geteilt werden.

Nach einiger Zeit wurde ich wieder einer anderen Brigade zugeteilt Unsere Aufgabe bestand darin, ein zerbombtes und zerschossenes Fabrikgelände aufzuräumen und dabei aus dem alten Bauschutt wieder verwendbares Baumaterial zu gewinnen. Vor allem mußten Backsteine aus dem alten Mauerwerk herausgebrochen, gereinigt und zu Stapeln aufgesetzt werden. Jeden Abend spielte sich dann dasselbe Drama ab: »Plocho raboti, 10 Prozent! Nix Kascha, nix Chleb!« (»Schlecht gearbeitet, nur 10 Prozent, dafür gibt's keinen Kascha (Brei), kein Brot!« – es war damit zusätzliche »Belohnung« für Arbeitsleistung gemeint.) Auf meine Frage, wieviel denn die zu schaffende Norm wäre, bekam ich lange keine Antwort. Es lohnte sich auch nicht, darum zu streiten, denn oft kam eine Maschine angefahren, die wir mit den fertigen Ziegelsteinen beladen mußten – und am Abend war nicht feststellbar, wieviele wir überhaupt gefertigt hatten. Es blieb gar nichts anderes übrig als Kraft und Energie zu sparen, indem man möglichst wenig arbeitete. Meine Aufgabe war es dann immer »Schmiere zu stehen«, d. h. zu beobachten, wo sich der Aufseher befand, und wenn er sich näherte, Alarm zu geben. Dann arbeiteten alle geradezu wild drauf los. Trotzdem hörte das Geschimpfe wegen schlechter Arbeit nicht auf – ebensowenig die Versprechungen, daß es bei guter Arbeit

Chleb (Brot) und Maslo (Butter) und Kascha (dicke Suppe, bzw. Brei) gäbe. Das bekamen wir schon beim Zählappell am Morgen zu hören. Inzwischen hatte sich auch so etwas wie ein »Antifaschistisches Komitee« gebildet. Wenn ich mich recht entsinne, war ein gewisser »Stiller«, angeblich früherer Kommunist, Vorsitzender. Als der uns auch diese Melodie von Zusatzverpflegung vorsang, bekam er laute Zurufe zu hören: Wir wüßten ja nicht mal wie hoch die Normen seien, es würde immer nur geschimpft über schlechte Arbeit!

Und so erfuhren wir dann tatsächlich, wieviele Ziegel ein Mann pro Tag abzuputzen hätte. Das war nun allerdings eine so große Menge, daß sie nicht zu schaffen war – wenigstens nicht mit der Arbeit der Hände. Später, als ich erfahrener »Normirowtschik« (Lohnverrechner) war, wußte ich, daß die Zahl der geforderten Ziegel in ihrer Höhe davon abhängig war, welcher Mörtel beim Bau verwendet worden war. Solche »Geheimnisse« hat man aber auch russischen Arbeitern bewußt vorenthalten! Aber wir fanden auch so Möglichkeiten: Da waren vom Tag vorher noch einige Stapel nicht abgefahren. Flugs wurden die in neue Stapel umgesetzt. Dabei sorgte ich dafür, daß der Aufseher sah, wo wir neue Stapel anfingen – und wenn er um die Ecke war, wurde eifrig »umgesetzt«.

Nun gab es aber für unseren Aufseher ein ziemlich großes Problem: Wie zählt man Backsteine, die auf einem Stapel sitzen ab? Damit hatte er große Schwierigkeiten, obwohl er mir klar gemacht hatte, daß er früher Lehrer gewesen sei, diesen Beruf aber aufgegeben habe, um am »Sozialistischen Aufbau« mitzuarbeiten. Als Lehrer hätte er ja nun diese komplizierte Rechenaufgabe meistern müssen. Da er sich aber schwer tat, kam ich ihm zu Hilfe – mit der nötigen Vorsicht. Wie er, zählte ich nicht nur die Backsteine in der Frontseite und seitwärts in der Tiefe, sondern dasselbe auch nochmal hinten und auf der anderen Seite, dazu noch die Höhe, und um ganz genau zu arbeiten, maß ich noch die Länge, Breite und Höhe eines jeden Backsteins. Er tat es mir nach, und dann fingen wir an zu rechnen: Er auf einem Stück Sperrholz mit Karandasch (Bleistift), ich mit einem Backsteinsplitter auf einer einigermaßen sauberen Backsteinseite. Dabei war es wichtig, daß ich sehr »fachmännisch« mit vielen Zahlen operierte. Wenn ich die ungefähre Zahl hatte, multiplizierte ich mit drei oder vier. Dabei kam dann immer heraus, daß ihm mein Ergebnis viel zu hoch war. Wenn ich seine Zahlen sehen wollte, ließ er das nicht zu. Natürlich ließ ich ihm sein »Erfolgserlebnis«, indem ich nochmals nachrechnete und ihm dann zustimmte: Na gut, nur doppelt oder nur dreimal so viel als tatsächlich vorhanden. Das war ja immerhin auch noch ein Erfolg. Am Abend sollte er mir dann bescheinigen, wieviel Prozent wir geschafft hatten. Auch das eine Rechenaufgabe, mit der er überfordert war. Gern half ich ihm auch da wieder. Immerhin waren wir von da an fast immer über 100 % – es mußte schon manchmal um die 90 % sein, sonst wäre das zu sehr aufgefallen!

Aber irgendeinem mußte da doch etwas aufgefallen sein, denn man hätte ja viel mehr Backsteine abtransportieren können – wenn diese Zahlen und Prozente gestimmt hätten. Ich kalkulierte, daß dies wohl nur sehr schwer nachzuprüfen sein dürfte, da mindestens ein halbes Dutzend Brigaden mit dieser Arbeit beschäftigt waren. Eines Tages kam unser Iwan triumphierend mit einem Eimer Kalkbrühe und einem Birkenbesen angelaufen. Er weißelte alle Stapel von allen Seiten an. Ich stellte mich, als würde ich das nicht verstehen, tat aber so, als wäre mir das völlig egal. Natürlich hat das unsere »Normarbeit« schon erschwert. Sobald er aber außer Sichtweite war, setzten wir die geweißelten Steine mit der weißen Seite nach innen in unsere neuen Stapel. Oder wenn ein Lkw beladen werden mußte, gaben wir ihm die weißen Steine mit – die anderen »brauchten« wir ja selbst. Ich erzähle das so ausführlich, weil es praktisch der Beginn meiner späteren Laufbahn als »Normirowtschik« wurde. – Zwar dauerte es noch lange, bis sich diese Arbeit auch in Zusatzverpflegung auszahlte. Immerhin aber gab es gelegentlich schon eine kleine Zusatzgabe, – die aber wahrscheinlich von der Gesamtverpflegung weggenommen wurde.

Nun lagen da auf diesem Arbeitsplatz auch viele Betonklötze

herum, die auch wieder in verwertbares Material zerkleinert werden sollten. Inzwischen konnte ich es schon wagen, eine solche Arbeit erst dann anzufangen, wenn mir die Norm bekanntgegeben war. Natürlich war diese allenfalls zu schaffen von einem gut ernährten »Stachanowtschik« (Stachanow, Held der Sowjetunion, soll all diese Normen selbst ausprobiert haben!). Auch da mußte ich wieder viele Male messen und ausrechnen. Und wenn ich den Klotz auf einen Viertelskubikmeter schätzte, gab ich an: Na, 5 Kubikmeter sind es wohl nicht ganz! »Nein, nein, höchstens vier!« War der gute Mann um die Ecke, wurde der Klotz um einige Ecken herumgewälzt – und später auf 5 Kubik anerkannt, da wir ja beim anderen »etwas zu wenig berechnet« hatten. Ich sorgte dafür, daß er diese Zahlen auf seinem Sperrholzbrett richtig unter meiner Brigade vermerkte. – Am Abend wurden dann diese Zahlen zusammengezählt. Und ich versäumte nicht, ihn für seine gute Rechenarbeit zu loben. Die Prozente waren somit einmal wieder gesichert. – Ich mußte aber meinen Kameraden zuweilen auch zureden, nicht zu sehr zu übertreiben, denn so viel Schwindel konnte selbst in Rußland nicht auf Dauer gutgehen. Zu Hilfe kam uns, daß beim Bau dieser Betonklötze vor vielen Jahren schon sehr an Zement gespart wurde, sonst hätten wir sie wohl überhaupt nicht kleinkriegen können!

Nach Wochen harter Arbeit wurde uns verkündet, Prikass (Befehl) aus Moskau: Alle Offiziere bis einschließlich Hauptmann müssen arbeiten! Und bei einem Befehl aus Moskau war natürlich keine Erklärung nötig. Die bei den Arbeitsgruppen eingesetzten Offiziere wurden nun »Brigadiere«, damit auch für die Arbeitsleistung verantwortlich. Von Zeit zu Zeit brach aber immer mal wieder eine »Offiziersverfolgung« aus, mit dem Ergebnis, daß alle Offiziere abgesetzt wurden. Vermutlich steckte da die »Antifa« dahinter. Meist ging es gar nicht lang, dann wurden von den Russen wieder alle Offiziere in die verantwortlichen Posten zurückgeholt.

So arbeiteten wir einmal als Offiziersbrigade, meist waren wir junge Leutnants, im Sägewerk. Das war nicht gerade ein beliebtes Kommando, aber es ließ sich dort schon leben. Den russischen Vorarbeiter brachten wir allerdings manchmal fast zur Verzweiflung, wenn wir uns gar zu dumm anstellten. Nachdem wir jedoch die erforderlichen Tricks raus hatten, wie man mit Baumstämmen umgehen muß, stellten wir ihn auch wieder zufrieden. Er war schon ein recht gutmütiger Mensch. Da auch das Sägegatter öfter mal streikte, schoben wir meist eine ruhige Kugel. – Einmal wurden wir abkommandiert an eine Schindelmaschine, die uns als großartige Erfindung russischer Ingenieurskunst vorgestellt wurde. Zwei Mann mußten vorbereitete Holzscheite in eine eiserne Mulde einlegen, die sich hin und her bewegte und jedesmal an einem feststehenden Messer einen Schindel abschnitt. Die Arbeit an der Maschine war nicht schwierig. Aber je mehr die Maschine schaffte, umso mehr mußten die Zuarbeiter sich anstrengen. Unglücklicherweise war mein Kollege an der Maschine ein ehemaliger »Zwölfender«, und weil jetzt Hauptmann, von der Idee besessen, wir müßten durch unsere hervorragende Arbeitsleistung die »deutsche Offiziersehre retten«. Mit Worten war ihm nicht beizukommen. Er war es ja gewohnt, immer recht zu haben – solange kein höherer Dienstgrad es anders verfügte! Daß wir beide unsere »Norm« leicht erfüllen konnten, wenn wir die Zulieferer nur ordentlich antrieben, störte ihn nicht. So mußte ich Tatsachen schaffen: Wenn er mal gerade nichts sehen konnte, stellte ich auf seiner Seite einen Klotz senkrecht in die Maschine, mit dem »Erfolg«, daß sein Messer stumpf wurde oder sogar splitterte. Das Argument, daß er die Maschine überlastete, überzeugte ihn schließlich – zumal ich auch dem russischen Aufseher klar machen konnte, daß er gar zu schnell arbeitete und damit die Maschine überforderte. Mit »Karoschi rabotschik« war dann seine »Offiziersehre« wieder hergestellt.

Nachdem ich einige Zeit in diesem Sägewerk zugebracht hatte, wurde mir eine Brigade zugeteilt, die im zugefrorenen Sumpfgelände Löcher graben mußte bis hinab zum gewachsenen Boden. In diese Löcher sollten dann Fundamentklötze für spätere finnische Fertighäuser einbetoniert werden. Gleichzeitig mußten Fundamente für die späteren Öfen eingegraben werden. Wieder war die »Norm« mit ehrlicher Arbeit nicht zu schaffen. Sehr wohl aber ging das »mit Köpfchen«. Dabei war wichtig, daß meine Männer immer, wenn eine Aufsicht da war, den Eindruck fleißiger Arbeit machten. Ein Eck- oder Ofenfundament wurde dann tatsächlich bis zum gewachsenen Boden hinunter gegraben. Danach holte ich den Aufseher und bat um seinen fachmännischen Rat: Können wir da das Fundament reingeben? »Karascho«! Dann füllten wir schnell alle Löcher im Eis mit Steinen und Beton auf – das »Vorzeigeloch« aber hielten wir offen, um es wieder als Muster unserer guten Arbeit vorweisen zu können. Da meine Brigade mehrere Häuser zugleich aufzubauen hatte – und der Aufseher eine ganze Reihe von Brigaden zu überwachen hatte, fiel ihm unser Schwindel nicht auf. Ganz im Gegenteil, er war uns sehr gewogen, weil wir seinen Rat suchten, um seine Genehmigung fragten, und so eben eine vorzügliche Brigade waren. Tatsächlich wuchsen unsere Häuser ja auch rascher als die übrigen, so daß die gewünschte Bescheinigung für hochprozentige Arbeitsleistung kein Problem war.

Die Frage, was wohl geschehen würde, wenn einmal das Eis schmolz und die Fundamente nachgeben würden, bedrückte uns zu dieser Zeit nicht sonderlich. Da würden wir sicher auf einer anderen Baustelle sein, und kein Mensch wüßte mehr, wer das gebaut hatte. Tatsächlich hatten wir im Frühjahr andere Arbeit, marschierten aber am Abend und am Morgen an diesen »Finnenhäusern« vorbei und machten seltsame Beobachtungen: Als erstes verschwanden die Schornsteine in den Häusern. Klar, die Fundamente unter den Öfen gaben zuerst nach, und so zogen sich die Schornsteine immer weiter unter die Dächer zurück. Auch die Häuser selbst wurden immer mehr schräg und schief. Es sah so aus, als würden sie die eine Schulter hochziehen und die andere müde herabhängen lassen. Am eigenartigsten aber verhielten sich die Veranden vor der Haustüre. Die behielten am längsten ihre ursprüngliche Höhe, aber anstatt daß das Wasser vom Hausdach über die Veranda abfloss, war nun das Verandadach zum Haus hin geneigt. – Man möge mir nicht unterstellen, daß ich nicht Mitleid gehabt hätte mit den russischen Familien, die inzwischen dort wohnten. Allerdings würde ich auch nicht behaupten, daß es die Schwere meines Mit-Leidens war, die mich dazu bewegte, mich vorsichtshalber zu einer anderen Brigade zu melden. Um sicherzugehen, mußte man sich dann schon zu einer weniger beliebten Arbeit melden – ich glaube, es war wieder das Sägewerkskommando.

Hans Schneider hat auch an den »Finnenhäusern« gearbeitet. Er schildert das so:

»An mehreren Arbeitsstellen hatten wir »Wiedergutmachung« zu leisten. Ich war zumeist einem Kommando zugeteilt, das Wohnhäuser aus Holz baute. Wie bei Baracken fügten wir die von Finnland als Reparationsleistung gelieferten Fertigteile zusammen, eine relativ leichte Arbeit. Hart waren die Vorarbeiten für das Fundament, das aus vielen, tief in die gefrorene Erde einzugrabenden Rundhölzern bestand. Nicht immer schafften wir mit Kreuzhacke und Schaufel die nötige Tiefe der Erdlöcher, weil uns einfach die Kraft dazu fehlte. Das Tagessoll mußte aber erfüllt werden. In die nicht tief genug gemachten Löcher stellten wir deshalb Pfähle, von denen wir ein entsprechend großes Stück abgesägt hatten. – (Ich vermute, Hans arbeitete an einer Stelle, die weniger sumpfig war als bei uns, deshalb wurden dort nicht Stein- und Betonfundamente gelegt, sondern einfache Holzpfähle.) – Die Folgen der Pfuscherei zeigten sich nach der Frostperiode, als das eine oder andere Haus nicht ganz waagrecht stand. Auf die Pfähle legten wir Balken, auf die wir die Wände setzten. Fertige Balken aber hatten wir nicht zur Verfügung, nur rohe Fichtenstämme, die wir an zwei Seiten mit der Axt behauen mußten, um begradigte Auflagen zu bekommen. Das war schon Schwerarbeit für uns Unterernährte. Im fertigen Haus stopften wir Ritzen und Fugen mit Moos zu. Das war die beliebteste Arbeit.«

Mit das bedrückendste Erlebnis in diesem Lager war das Sterben unseres so sehr geschätzten Pfarrers Steinhauser. Bald schon zeigten sich an seinen Armen eigenartige Geschwüre, die aufbrachen und sich immer weiter ausbreiteten. Später erfuhren wir, das sei Phlegmone, eine in russischen Straflagern weitverbreitete Mangelkrankheit. In die Revierbaracke, die es inzwischen gab, wurde er nicht aufgenommen. Das verhinderte die russische Ärztin! »Nicht nötig, stirbt sowieso bald!« Diese Ärztin war von ihrem Aussehen ein feines Püppchen, geschniegelt und gepflegt. Sie bekam bald den Spitznamen »die Potschemu«, weil sie immer fragte: »Potschemu?« – »warum?« – Unser Josef Volk, der einige Semester Medizin studiert hatte, machte sich in der Revierbaracke nützlich, und dabei mußte ihn die »Potschemu« entdeckt haben. Damit er oft in ihrer Nähe sein konnte, stellte sie ihn an als »Krankengeschichten-Schreiber«. Jawohl, von jedem Kranken wurde genau der Krankheitsverlauf festgehalten. Für Josef war das die Möglichkeit zur »Kranken-Seelsorge«. Er hockte an jedem Bett, fragte nach dem Befinden, schrieb eifrig »Krankengeschichten«, hörte dabei nicht selten die Beichte, gab Absolution und tröstenden Zuspruch.

Die »Potschemu« zog ihn häufig unter allen möglichen Vorwänden ins Gespräch. Aber wenn er sie um Verbandsmaterial für Steinhauser bat, da war sie steinhart: »Für dich ja, aber für den Alten nicht nötig!« Wir waren inzwischen gezwungen, zu viert mit zwei Handtüchern auszukommen, und mit den zwei anderen notdürftig Steinhausers Arme zu verbinden. Josef hatte dann die Möglichkeit, die beiden Pflege-Handtücher gelegentlich im Revier zu kochen und zu waschen. Wobei unsere »Morgenwäsche« sehr primitiv war: Man ging kurz hinaus in den Schnee und rubbelte sich damit ein wenig ab. Doch selbst das war für manche »zu viel verlangt«! – Schließlich mußten wir Josef einmal ernsthaft ins Gewissen reden: »Mensch, Josef, dann gib der ›Potschemu‹ doch endlich mal einen Kuß, du wirst sehen, dann rückt sie Verbandsmaterial heraus!« Und siehe da, der Kuß hatte die gewünschte Wirkung! Freilich wurde es für Josef immer schwieriger, sich das Weib vom Leib zu halten. Die Angelegenheit war einfach zu gefährlich, denn es war offensichtlich, wie die russischen Offiziere die Augen nach ihr verdrehten. Für die »Potschemu« aber war es einfach unfaßbar, daß so ein Prachtexemplar von einem Mannsbild, wie unser Josef, keine Frau haben sollte! – Glücklicherweise wurde sie bald versetzt. Nach ihr kam eine Ärztin, deren Äußeres ihr den Namen »Stallmagd« einbrachte. Sie war jedoch eine Seele von einer Frau. Sie sorgte für Medikamente und Verbandsmaterial und ließ den beiden jungen deutschen Ärzten freie Hand in ihrer Arbeit. Einige Male brachte sie es sogar fertig, vor angetretenem Lager dem russischen Lagerkommandanten zu widersprechen. Der kam mit einem Thermometer in der Tasche an, hielt es in der nackten Hand und stellte fest: Es ist nicht zu kalt zum Arbeiten. Die Ärztin schaffte es immerhin, daß an den kältesten Tagen nur wenige Brigaden zur Arbeit ausrücken mußten.

Bald nachdem Steinhauser gestorben war, wurde auch Josef krank. Er hatte heftige Gallenkoliken, besonders wenn es mal wieder wochenlang nichts anderes als »Kapusta«-Suppe (Weißkrautsuppe) gab. Zwar wurde immer »Sondermeldung« gerufen, wenn einer mal wieder ein Krautblatt in seiner Suppe gefunden hatte. Für Josef war das ein echtes Martyrium. Freilich waren die anderen Suppeninhalte nicht viel besser. Überhaupt gab es ja immer nur, was gerade angeliefert wurde, und das morgens, mittags und abends. Mal vier Wochen Kartoffel, dann vier Wochen Sojaschrot und so weiter.

Da Josef nicht mehr ins Krankenrevier gehen konnte, beknieten wir den dritten Pfarrer, der noch bei uns war, daß er diese Aufgabe übernehmen sollte. Gegen Josef hatte ohnehin schon die »Antifa« Einspruch erhoben. Weil die deutschen Ärzte zusammen mit der russischen Ärztin darauf bestanden, daß ein »Krankheitsgeschichten-Schreiber« den Dienst antrat, tat es Pfarrer Heinrich (den Familiennamen weiß ich nicht mehr). Gegen ihn hatte – aus welchen Gründen auch immer – selbst die Antifa nichts einzuwenden. Freilich, schon am zweiten Tag fühlte er sich nicht wohl. Als wir ihn nach Tagen fragten, ob er denn nicht mehr ins Revier ginge, meinte er: »Nein, da stinkt es so, und da kann man sich nur Läuse holen!« Als ob wir nicht alle längst über und über verlaust gewesen wären! Eine Entlausungsanstalt gab es in diesem Lager noch nicht. So weit war die »Kultura« noch nicht vorangeschritten. Wozu auch, die Läuse hatten ja ohnehin nur die Deutschen nach Rußland gebracht!

Eines Tages wurde ich zum deutschen Lagerkommandanten gerufen: »Die Russen verlangen, daß ein Pfarrer jeden Abend mitgeht bei der Beerdigung.« Die Antifa habe zwar Einspruch erhoben, da es ja im künftigen (natürlich kommunistischen) Deutschland auch keiner Pfarrer mehr bedürfe. Trotzdem seien die Russen bei ihrer Forderung geblieben. Die Antifa habe jedoch durchgesetzt, daß der Pfarrer dabei nichts sprechen dürfe – man weiß ja nicht, ob der da nicht die Gelegenheit zu antikommunistischer Propaganda benützen würde.

So mußte ich also wochenlang diesen traurigen Zug anführen. Jeden Tag hatte man mir eine andere Brigade zugeteilt. So hatte ich allabendlich andere Leute dazu zu bringen, die totenstarren nackten Leichen aus der Totenkammer des Reviers herauszutragen, auf den Schlitten aufzuschichten und dann unter Bewachung weit hinaus auf eine Wiese zu gehen, auf der tagsüber die Gräber schon ausgehoben worden waren. Diese Zeremonie durfte immer nur bei Nacht geschehen, denn weder die Gefangenen noch die russische Zivilbevölkerung sollte sehen, wie viele Tote es jeweils waren. Unterwegs mußten wir durch einen quer durchs Gelände gespannten Stacheldraht gehen. Der Posten, der das Tor bewachte, fragte jedes Mal: »Nu skolko sewodnie?« (Na, wie viele heute?) Wenn ich antwortete: »20«, war er zufrieden: »Karascho!« Sagte ich aber fünf, dann kam jedesmal die erstaunte Frage: »A potschemu tak malo?« (warum so wenige?). – Ich kann von mir sagen, daß ich nie Russen gehaßt habe, aber diesen Kerl hätte ich erwürgen können!

Am Abend waren die Gräber längst wieder mit Wasser vollgelaufen. Manchmal mußten wir eine Eisschicht zerschlagen, damit wir die Toten hineinlegen, besser gesagt, versenken konnten. Und es war jeden Abend wieder ein neues Drama: Keiner wollte zufassen! So blieb mir nichts anderes übrig, als selbst die Toten an den Oberarmen zu fassen und einen der Männer zu drängen, doch die Füße zu packen. Auf diese Weise versenkten wir die Toten in diese wirklich kühlen Gräber.

Und bei einem dieser traurigen Anlässe passierte dann folgendes: Es war ohnehin eine geradezu gespenstische Nacht. Wolkenfetzen jagten vor dem Mond vorüber. So waren wir mal in fahlem Nebellicht, dann wieder fast völlig in der Dunkelheit. Eigenartige Erscheinungen am Himmel – es war das Nordlicht – wußten wir anfangs noch nicht zu deuten. Zum Überfluß heulten in der Ferne die Wölfe ihr schauriges Lied. An diesem Abend war es besonders schwer, einen Kameraden zum Zufassen zu bringen. Endlich brachte ich einen so weit. Wir faßten beide an, hielten den Toten gerade über dem Grab, da schrie der, als ob er Angst hätte vor dem kalten Wasser. Ja, was schrie er denn? Es klang wie ein langgezogenes »Bööööh«. Wir erschraken bis ins Mark – nicht weniger unsere russischen Posten – und stürmten davon, über Gräber und übereinander purzelnd, kopflos, als wäre die gesamte Hölle hinter uns her. Ich versuchte die Kameraden zum Stehen zu bringen, aber die Russen schrien: »Dawei, dawei, damoi!« (»Los, los, nichts wie heim!«) Schließlich hielten wir doch an und überlegten: Ja, wenn der geschrien hat, und das haben ja alle gehört, dann muß er doch noch lebendig sein! Ja, dann müssen wir doch nach ihm schauen. Klar, aber jeder wollte dem anderen den Vortritt lassen. Schließlich kamen wir ans Grab. Der arme Kerl lag mit Kopf und Körper unter Wasser, nur die Füße schauten noch raus. Erneute grausige Überlegung: »Wenn der vorhin noch lebendig war, jetzt ist er doch sicher tot!« Mit einer Schaufel hakte ich unter seinen Arm und zog ihn vollends ins Grab. Und da wurden die Kameraden plötzlich sehr eifrig und schaufelten schnell das Grab zu. – Wie üblich forderte ich am Ende auf zu einem stillen Gebet. Dabei kam an diesem Abend sicher nicht viel zustande, denn die Russen hatten den Schreck noch immer nicht überwunden und drängten: dawei, dawei!

Im Lager angekommen, weckte ich die Ärzte und erklärte: »In Zukunft könnt ihr eure Toten selbst beerdigen, wenn ihr nicht besser untersuchen könnt, ob einer wirklich tot ist!« Aber die waren doch wirklich alle tot, protestierte ein Arzt. »Aber wenn einer schreit, dann ist er doch lebendig oder nicht?« »Ja was hat der denn geschrien?« Ich machte es ihnen vor. Die

Ärzte sagten: »Setz dich erst mal, beruhige dich erst mal; der hatte einfach noch Luft in der Lunge, und als du ihn hochgehoben hast, wurde die Luft herausgepreßt und so die Stimmbänder betätigt.« Wohl oder übel mußte ich am nächsten Tag wieder antreten. Natürlich faßte auch ich diesmal vorsichtiger an – und war sehr froh, daß keiner mehr »geschrien« hat.

Eines Tages wurde ich in eine andere Baracke eingewiesen. Warum weiß ich nicht mehr. Jedenfalls kam ich in ein kleines Zimmer, in dem noch etwa ein halbes Dutzend Offiziere untergebracht waren. Wie es schien, waren das die Brigadiere dieser Baracke. Einer von uns war jeweils der »Offizier vom Dienst«. Unter anderem gehörte es zu seinen Aufgaben, daß er die Essensverteilung durchführen und überwachen mußte. Das Essen wurde in großen Kübeln auf einem Lkw ins Lager gefahren und den einzelnen Kompanien (Baracken) in Eimern zugeteilt. Mir fiel da sofort auf, daß es nicht den sogenannten – und hochgeschätzten – »Nachschlag« gab, der in jeder Baracke nach genau ausgeklügeltem System verteilt wurde. Nein, hier wurde der letzte Eimer in die Offiziersstube gebracht – und dort gab es dann sehr wohl das System des Nachschlags! Bei mir regte sich sofort das »soziale Gewissen«, doch zugegeben nicht nur das, denn dieses Verfahren konnte eines Tages ganz üble Folgen haben, weil auch in dieser Baracke die Landser sehr darauf achteten, wer den berühmten »Nachschlag« bekam. Meine Offizierskameraden wollten sich da aber nicht von dem Neuling dreinreden lassen: »So ist das bei uns üblich, und so bleibt das!« Ich insistierte aber weiter, und als ich kein Gehör fand, meldete ich mich beim deutschen Lagerkommandant und trug ihm die Sache vor. Er gab mir recht und empfand das Ganze ebenfalls als eine gefährliche »Zeitbombe«. Doch auch auf ihn hörte man nicht.

Es ist gut möglich, daß ich wegen dieser Vorgänge aus dem Offizierszimmer in die Mannschaftsbaracke ausquartiert wurde. Das bedrückte mich nicht besonders, denn nach diesen Auseinandersetzungen war das kameradschaftliche Verhältnis zu den anderen Offizieren ohnehin gestört. – Nach vielen Jahren wurde ich einmal an diese Situation erinnert: In den ersten Sommersemester-Ferien 1950 arbeitete ich als »Werkstudent« in einer großen Haushalts- und Bauwarenhandlung in Donaueschingen. Mein sehr wohlwollender Chef schickte mich täglich in eine Gaststätte zum »Kundschafttrinken«. Dabei begegnete ich immer wieder einem Herrn, der mir sehr bekannt vorkam. Auch er schien mich zu kennen. Schließlich gingen wir aufeinander zu: »Woher kennen wir uns? – Waren Sie bei der Division oder bei jener?« Nein, »aber waren Sie in russischer Gefangenschaft? – Mensch, ja, jetzt erinnere ich mich: Sie waren der kleine giftige Leutnant in Rudnitzkaja!«

An Weihnachten 1945 passierte da nun eine »mittlere Katastrophe«: Seit Wochen wurde darüber geredet, daß in der Küche täglich etwas Lebensmittel eingespart wurde, damit es am Heiligen Abend pro Kopf einen ganzen Liter mit einer echt dikken Suppe geben könne. Alle freuten sich darauf – am meisten allerdings die Russen, denn die nahmen am Tage vorher alle »überzähligen« Vorräte weg. Allen war klar, was da passiert war – und schwiegen! Unglücklicherweise war ich an diesem Tag »Offizier vom Dienst«. So hatte ich von dieser Sache keine Ahnung. Ich verteilte freiweg einen Liter Suppe pro Mann und wunderte mich nur, daß sie durchaus nicht dicker war als an den anderen Tagen. Als aber die Eimer zu schnell leer wurden und die anstehende Schlange noch sehr lange war, ließ ich stoppen. Und nun beschwerten sich die, die noch nichts bekommen hatten: sie wollten auch einen ganzen Liter, obwohl sie wußten, daß sie nur das normale Maß bekommen sollten. Ich fragte am Küchenwagen an, ob ich noch etwas nachbekommen könnte, da man mich ja nicht aufgeklärt hatte. Doch leider »nichts zu machen!« – Von da an ließ ich unter lautem Protest nur noch einen halben Liter zuteilen, und als ich sah, daß auch das nicht reichen würde, nur noch einen viertel Liter. Die letzten bekamen nur noch wenige Löffel voll. Die Herren Offiziere hatten natürlich rechtzeitig »ihren« Eimer abgeholt! Dem allerletzten – und größten Schreier in der Schlange – gab ich dann noch meine eigene Brotration. Und somit bedeutete dieser »Heilige

Abend 1945« für mich: keinen Löffel Suppe, keine Krume Brot! Ich flüchtete in meine Ecke, zog den Anorak über den Kopf und wollte nichts mehr hören und sehen.

Doch »mein Leo« hatte das Drama mitbekommen, obwohl er in einer anderen Baracke lag. Er kam zu mir mit seiner Brotration. Dazu brachte er noch einige Kienspäne mit – elektrisches Licht gab es in dieser Baracke immer noch nicht. Er teilte sein Brot mit mir, und wir saßen noch lange zusammen. So wurde es doch noch ein »Heiliger Abend«. Und wenn ich später meinen Erstkommunikanten den Unterschied zwischen einem bloßen Essen und einem Mahl klar machen wollte, dann erzählte ich vielemale diese Geschichte, denn das damals war wirklich ein *Mahl* für mich gewesen!

Eine Geschichte von Josef Volk gehört hier auch noch unbedingt her. Als Offizier im Range eines Majors brauchte er auch nach der neuen Regelung nicht zu arbeiten. Die Russen legten ihm jedoch nahe, als Nachtwächter im russischen Lebensmittelmagazin, das knapp außerhalb des Stacheldrahtes stand, zu fungieren. Für Josef war das nicht ganz ohne materielle Vorteile. Er durfte zwar nichts ins Lager mitnehmen, aber wenn er bei den zuständigen Russen gelegentlich mal »in die andere Richtung schaute«, dann war das für seinen Hunger »nicht unzuträglich«!

Die Eingänge dieser Baracke wurden von außen verschlossen, aber er hatte einen Schlüssel, so daß er notfalls ins Freie kommen konnte. Und so kam es öfter mal vor, daß in der Nacht sich einer der Russen dorthin verirrte, klopfte und eingelassen werden wollte. Für den Notfall hatte Volk dann eine Trillerpfeife, mit deren Hilfe er die nahen Posten vom Stacheldraht alarmieren konnte. Eines Nachts kam also wieder ein Besoffener an, grölte schon von weitem, polterte an der Türe, brach sie irgendwie auf und wollte an den Brennspiritus, um weiter zu saufen. Als Josef erkannte, daß es der russische Lagerkommandant war, den er ohnehin »übernatürlich liebte«, unterzog er ihn einer »gründlichen Behandlung«. Mit anderen Worten: Er schlug ihn krankenhausreif – und erst dann betätigte er seine

Trillerpfeife. Mit nicht gerade übertriebener Eile rückten die Posten an. Josef schnaufte wie nach einem heftigen Zweikampf, und das muß er glaubwürdig hingekriegt haben. Denn als die Posten den Lagerkommandanten erkannten, glaubten sie und ebenso später ihr Offizier, daß Josef einen »Kampf auf Leben und Tod« bestanden hatte. Denn dieser Lagerkommandant war ein Hüne von Gestalt! Tatsächlich erschien der Kommandant acht Tage nicht zum Dienst. Wir aber bangten, was wohl geschehen werde, wenn er schließlich doch wieder kommen würde. Zu unserem Erstaunen war er jedoch mehr Gentleman, als wir alle ihm zugetraut hätten. Nach dem abendlichen Zählappell mußte »Major Volk« vor die Front treten und erhielt – ein großes Lob! »Der Major hat seine Pflicht bis zum Äußersten getan! Er hat sogar den Kampf aufgenommen mit mir, was bestimmt nicht jeder wagen würde! Dafür hat er ein großes Lob verdient, und dazu bekommt er noch ein großes Paket Tabak!«

Kapitel 5

Krasno Mysa

Im ausgehenden Winter 1946 muß es gewesen sein, daß wir aus Rudnizkaja abtransportiert wurden nach Krasnoje Selo. Ich habe daran nur eine sehr vage Erinnerung. Es war dort jedenfalls sehr kalt, und wir mußten durch Schneegestöber zu einem Steinbruch marschieren, in welchem es keinerlei Möglichkeit gab, sich im Laufe des Tages einmal aufzuwärmen. Zwar gab es eine kleine Bretterbude mit einem Öfchen, aber die war reserviert für unsere Bewacher. Wir mußten mit einer Art Rohr-Stemmeisen Löcher für künftige Sprengungen bohren. Diese Rohre sollten in das Gestein gestoßen werden, so daß mit der Zeit so eine Art Steinmehl entstand. Dieses Mehl mußte dann mit einem Löffelchen an langem Stiel aus dem Bohrloch herausgeholt werden. Eine blödsinnige Arbeit, bei der es einem vor allen Dingen nicht warm werden konnte. Aber im »fortschrittlichsten Land der Welt« diente auch das dem »sozialistischen Aufbau«. So mimten wir eben Arbeit, solange Aufsicht in der Nähe war – die sich aber auch lieber im Wärme-Zelt aufhielt – und versuchten immer wieder, durch »gymnastische Übungen« einigermaßen warm zu bleiben.

Ich besaß immer noch meine »Schleich-Turnschuhe« mit den dünnen Gummisohlen, durch die man immer in »Kontakt mit der Natur« blieb, umso mehr waren deshalb Bewegung und Gymnastik angesagt. Jetzt bereute ich, das Angebot in Rudnizkaja nicht angenommen zu haben. Dort wurden für die Brigaden mehrmals »Walinkis« gebracht, aber immer nur einige wenige – für die »Bestarbeiter«. Dem Brigadier hätten nach sowjetischer Auffassung natürlich als erstem diese Filzstiefel zugestanden. Ich hoffte die Zulieferung beschleunigen zu können, wenn ich darauf bestand, erst dann welche anzuziehen, wenn alle Kameraden in der Brigade damit versorgt wären. Na ja, gegen Dummheit ist eben kein Kraut gewachsen!

So ging ich weiter in meinen »Schleichern« meiner Arbeit nach, und es war wie eine Erlösung, als wir wieder zum Abtransport auf einen »Studebeaker« verladen wurden. Schlimmer konnte es ja kaum mehr kommen! Eigenartig, die Fahrt ging wieder Richtung Narwa. Wollten sie uns denn wieder nach Rudnizkaja bringen? Nein, denn nach geraumer Zeit bogen wir nach links von der Straße ab und standen nach wenigen Metern vor einem Lagertor. Der übliche Stacheldraht, das übliche Wachtioren-Häuschen, aber keine der üblichen »Hochsitze« über dem Stacheldraht. Überhaupt schien es nur ein kleines Lager zu sein. Zu sehen war zunächst nur ein größerer Steinbau, der offensichtlich schon bessere Zeiten erlebt hatte. Später erfuhren wir dann, daß der deutsche Botschafter von Schulenburg früher hier residiert habe.

Nach langem Palaver in der Wachbude hieß es schließlich: »Absteigen, antreten!« Obwohl wir nur ein kleines Kommando waren, mußte natürlich sehr genau gezählt werden: In Fünferglied angetreten, wurde mal von rechts nach links, dann von links nach rechts gezählt – doch irgendetwas stimmte nicht! Waren wir zu viele oder zu wenige? Schließlich aber durften wir dann doch einrücken – und standen auf dem »Appellplatz«. Standen dort, und niemand kümmerte sich um uns. Doch mit der Zeit trauten sich die ersten Lagerinsassen an uns heran. »Wo kommt ihr her?« »Was gibt es hier für Arbeit?« »Wie ist die Verpflegung?«

War es hier schon, daß ich mit meinem Freund Willi Hauck bekannt geworden bin? Wir können es beide nicht mit Sicherheit sagen. Ich glaube, daß er mir wegen seines Dialektes aufgefallen ist. Er stellte sich vor mit: »Ich komme aus der Gegend von Karlsruhe.« »Aus der Gegend von Karlsruhe«, erwiderte ich, »und ich aus Badisch-Sibirien bei Tauberbischofsheim«. Und damit begann eine Freundschaft, die auch heute – nach bald 55 Jahren! – noch immer unverbrüchlich ist.

Schließlich erscheint ein deutscher Lagerkommandant, Leutnant Figur. Die Landser wurden in ihre Quartiere eingewiesen, und ich als Offizier kam ins »Offizierszimmer«, ein Kabüffchen, in dem bereits schon zwei Leutnants hausten. Immerhin ist noch ein Bett im zweiten Stockwerk übrig. Herr Figur jedoch bewohnte als Lagerkommandant ein eigenes Zimmer. Gleichzeitig wurde mir erklärt, daß die Lagerdienste unter den drei Offizieren schon verteilt seien, so daß ich wohl am nächsten Tag zur Arbeit mit ausrücken müßte. Und so war es auch.

Dort traf ich dann auch wieder Willi, und es war klar, daß wir zusammen eine Holzfällergruppe bilden würden. Willi hatte von dieser Arbeit zwar auch keine Ahnung, aber er war ein gelehriger Schüler und ließ sich von mir gern in die Geheimnisse dieser Kunst einweisen. Bald waren wir so gut aufeinander eingespielt, daß wir es uns leisten konnten, die stärksten Bäume zu übernehmen. Während die anderen sich elendig plagten, arbeiteten wir »mit Köpfchen«. Das Brennholz mußte in 2 Meter langen Stücken gestapelt werden. Die schweren »Karwenzmänner« rollten wir über Stangen zum Lagerplatz und setzten sie zuunterst ein, während die anderen sich oft plagten, die schweren Brocken obenauf zu legen, weil sie die leichteren schon zuerst unten reingelegt hatten. So arbeiteten wir wohl wochenlang zusammen. Übrigens hatte man in dieser abgelegenen Gegend den Sonntag noch nicht »erfunden«. Wir mußten tagtäglich zur Arbeit, so daß wir bald schon nicht mehr wußten, welcher Wochentag eigentlich gerade war. Die wenigsten Menschen werden sich wohl vorstellen können, was es heißt, ohne Sonntag, täglich zur Arbeit – noch dazu zur Zwangsarbeit gehen zu müssen! Man fühlt sich nicht mehr als Mensch, sondern nur noch als Tier, das zur Arbeit getrieben wird.

Mit der Zeit hatten die Russen dann wohl entdeckt, daß unter den Arbeitern ein Offizier war. Dieser mußte natürlich zur Ehre des »Brigadiers« erhoben werden. Da ich nicht nur (einige Brocken) russisch sprechen, sondern sogar schreiben konnte, mußte ich bald die abendliche Arbeitsmeldung auf einem Sperrholztäfelchen eintragen, weil unserem Aufseher mit Namen »Schischken« das Schreiben ohnehin schwerfiel. Da aber auch hier die bekannte Melodie von schlechter Arbeit und wenig Prozenten gesungen wurde, bestand ich auf Bekanntgabe der Normen. Schischken gestand mir, daß er das selbst nicht wußte. Er habe aber »Prikass«, Befehl, über schlechte Arbeit zu schimpfen! Als dann aber eines Tages der Polit-Offizier – ja, das gab es auch für ein so kleines Lager! – uns diese Melodie wieder einmal vorsang, wagte ich es, ihm vor versammelter Mannschaft zu sagen, daß niemand uns die Norm angeben könne. Und tatsächlich ging es nicht mehr lange, und wir hatten nicht nur die genaue Beschreibung der Normen, sondern sogar Papier, um die täglich erbrachte Leistung aufzuschreiben. Nun konnte ich zwar nicht den vollen Text lesen, aber auch das war von Vorteil, denn es führte dazu, daß ich bei bestem Gewissen dreimal so viel Holz als gestapelt meldete und abrechnete – als wir überhaupt geschlagen hatten. So hatten wir wenigstens auf dem Papier die Norm erfüllt, und jetzt konnten wir sagen: »Bitte schön, ihr habt versprochen ... wo bleibt die Zusatzverpflegung?« Doch die gab es nur selten einmal, und dann vielleicht ein kleines Stück Brot oder zusätzlich Kartoffeln, die freilich dann oft nicht nur erfroren, sondern mitsamt dem Stroh und Dreck zusammen gekocht waren. Die »Normal-Verpflegung« war in diesem Lager – soweit ich mich erinnern kann – natürlich auch spärlich, aber für Lagerverhältnisse doch erträglich. Trotzdem ging unser ganzes Denken und Streben danach, wo könnte man etwas Eßbares herkriegen? Doch da gab es hier lange Zeit keinerlei Möglichkeit.

Erst im Spätsommer und Herbst 47 boten sich Gelegenheiten. Da wuchsen im Wald ja viele Pilze, die wir in unseren Kochgeschirren kochten, etwa diese »Stockschwämmchen«, so wurden sie von Kennern genannt. Sie füllten wenigstens den Magen – aber ohne Salz und sonstige Zutaten hatte man sich an ihnen schon bald »überfressen«! Natürlich gab es im Sommer auch einige Beeren im Wald. Aber die waren selbstverständlich das Vorrecht unserer Bewacher. Wir durften uns ja nur auf dem engen Bezirk unseres »Waldschlags« bewegen. Und da waren Beeren eher die Seltenheit. Manchmal gingen die russischen Wachposten auf Suche nach Kartoffel- oder Rübenäkkern. Und wenn sie fündig wurden, durften einige von uns, unter Bewachung natürlich, dort »ernten«. Freilich mußte dann auch mit den Posten geteilt werden – für die war diese »Zusatzverpflegung« durchaus auch interessant.

Überhaupt hatte sich mit der Zeit ein recht gutes Verhältnis gebildet zu unserem Aufseher, zu den Bewachern, zu den Wächtern im Torhäuschen, ja sogar zum russischen Lagerkommandanten – und, was noch viel schwieriger war, zum Polit-Offizier. Meine wenigen Brocken Russisch zahlten sich gut aus. Noch mehr aber meine Zigaretten. Denn es geschah doch tatsächlich immer mal wieder, daß wir sogar Tabakwaren bekamen. Und wenn schon, dann bekam ich als Offizier sogar mehr als die russischen Soldaten – so schreibt es die Genfer Konvention vor. Kein Wunder also, daß mal der, mal jener von den Russen zu mir kam mit der freundschaftlichen Aufforderung: »Dawei, Affizerr, pokurim!« »Los, Offizier, rauchen wir miteinander!« – natürlich von meinen Zigaretten! Aber ich erinnere mich auch, daß mir einmal einer von den jungen Soldaten eine »Papyrossi« anbot, wobei vielleicht nicht ganz unabsichtlich zu sehen war, daß es seine vorletzte war. Als ich ihm erklärte, seine letzte Papyrossi wollte ich doch nicht haben, da sagte er mir sehr bestimmt: »Du, ich habe schon oft von dir geraucht und dabei nie gefragt, ob es deine letzte wäre!« – Und so habe ich mich auch manchmal, wenn wir von der Arbeit zurückkamen, zum »Wachtior« in seine Bude gesetzt und eine Zigarette mit ihm geraucht. »Vitamin B«, gute Beziehungen, das war in Rußland überaus wichtig!

Auf solche Weise hatte ich bald mit diesen jungen Russen – sogar mit ihren Unteroffizieren und Sergeanten – ein recht gutes Verhältnis. Bis auf einen, der mich nicht mochte – was durchaus auf Gegenseitigkeit beruhte. Aber auch die Russen mochten ihn nicht! Als es kälter wurde, trafen wir die Vereinbarung, daß jeder von uns Gefangenen jeden Abend ein gutes Stück Holz mit nachhause bringen sollte. Einen Tag brachten wir es ins Lager für unsere Wohnräume und die Küche, am anderen Tag in die »Kaserne«, zur Baracke unserer Beschützer. Halbe/halbe, das war schon sehr großmütig berechnet, sodaß mancher wohl ein bißchen für »ausgleichende Gerechtigkeit« sorgte, indem er eben nicht alles dort abgab.

Dieses System funktionierte im allgemeinen recht gut. Bis dann dieser komische Knülch das Kommando hatte. Kurz vor dem Lager befahl er: »Na lewo, na Garnison!« »Nach links zur Garnison!« Ich erklärte ihm: »Das gibt's nicht; heute ist das Lager dran! Ihr habt gestern bekommen!« Er brüllte: »Na lewo!« Ich brüllte ebenso laut: »Halt!« Wir begaben uns beide an die Spitze des Zuges. Auf dem Weg dorthin mache ich meinen Leuten klar: »Weh dem, der nicht auf mich hört und aus der Reihe tanzt!« Wir, der Sergeant und ich, schrien uns gegenseitig an, ließen beide ganze Litaneien von Flüchen los (die hatte ich ja inzwischen gelernt). Er befahl schließlich: »Sitzen!« Die Kameraden setzten sich auf die Holzklötze, die sie bei sich hatten. Im übrigen waren wir zu dieser Zeit gut gekleidet mit Pelzmänteln und Filzstiefeln. Unser Geschrei ging noch eine ganze Zeit weiter. Es war klar, daß es hier zu einer grundsätzlichen Klärung zwischen ihm und mir kommen mußte. Schließlich riß er seine Maschinenpistole von der Schulter und legte auf mich an. Ich sagte zu ihm in aller Ruhe: »Moment mal, so schnell geht das nicht! Da muß ich mich erst noch vorbereiten!« Ich öffnete meinen Pelzmantel, machte die Brust frei, rieb mit einem Sacktuch die Brust ab und sagte: »So, bitte, jetzt kannst du schießen, jetzt bekomme ich wenigstens keine Lungenentzündung!« Er war so verblüfft, daß er seine Pistole wieder umhing und sagte: »Dann bleibt ihr da sitzen bis morgen früh!« Ich erwiderte: »Einverstanden, dann brauchen wir morgen nicht zur Arbeit zu gehen!«

Mir war klar, daß bald aus dem Lager jemand kommen und nach uns sehen würde. Es war sogar der russische Lagerkommandant persönlich. Mit ihm hatte ich inzwischen ein gutes Verhältnis, denn schon des öfteren hatte ich ihm ausgezeichnet gutes Brennholz bereitet, das in seinem Auftrag ein Lkw abholte – wobei mir klar war, daß dieses Holz natürlich »verschoben« wurde. Bei ihm konnte sich der Sergeant nicht durchsetzen, zumal ich anbot, nach dem Essen mit einem kleinen Kommando nochmals in den Wald zu gehen, um Holz für die Garnison zu holen. Der Lagerkommandant stimmte dem zu – aber der Sergeant fand wohl keinen Posten, der uns freiwillig bei dieser Aktion »beschützt« hätte!

Zu dieser »Mutprobe« hatte mich kurze Zeit vorher ein estnischer Offizier der »Roten Armee« ermutigt. Er hatte mit einer kleinen Einheit von Soldaten direkt neben unserem Lager ein Zelt aufgebaut. Er sprach sehr gut deutsch, sodaß wir uns durch den Stacheldraht hindurch gut unterhalten konnten. »Wo ist der deutsche Offizier geblieben?« warf er mir vor. »Laßt euch doch nicht alles bieten!« Als ich dagegen hielt, wir seien doch Gefangene, und die könnten uns doch aus jedem beliebigen Grund über den Haufen schießen, da lachte er nur! Er sagte: »Die können nur so mit euch umgehen, weil ihr euch das gefallen laßt! Mir hatten sie schon dreimal den Strick um den Hals gelegt, und ich habe sie angeschrien: »Los, macht doch!« Und nichts geschah!« Er meinte, wenn diese Typen nicht gerade besoffen sind, schießen die auch nicht – höchstens mal in die Luft. Und wenn es doch einmal einen treffen sollte, na und, wie oft war das doch im Krieg noch viel gefährlicher gewesen! Aber wenn wir uns allerdings weiterhin alles bieten lassen, dann würden wir ohnehin verrecken – und zwar alle! Und siehe da, das klappte tatsächlich. Eine Grundvoraussetzung war aber doch, daß man sich einigermaßen verständigen konnte.

Es war immer wieder ein großes Problem, wenn ein neuer Holzschlag angefangen werden mußte. Die Posten wollten alle Gefangenen schön übersichtlich beieinander haben. Freilich mußte erst mal eine Schneise geschlagen werden, damit den Posten die nötige freie Sicht gegeben war. Bis das aber soweit war, sollten möglichst alle auf möglichst engem Raum zusammenarbeiten. Natürlich behinderten und gefährdeten wir uns dabei gegenseitig – und die Arbeitsleistung ließ stark nach. Ich erklärte das am Abend dem Lagerkommandanten und bat ihn, mir zu erlauben, mit einem kleinen Kommando diese Vorarbeit des Schneise-Schlagens tun zu dürfen. Im Prinzip sah er das ein, aber das sei Sache des Polit-Offiziers; nur er könnte so etwas genehmigen. Am nächsten Tag trug ich diesem die Sache vor, und da erwies er sich als echter Fachmann in seinem Beruf: »Du warst Hitler-Jugend, du warst auf Kriegsschule, sogar zweimal, du bist Leutnant, du bist ein Faschist! Ohne Bewachung, mit mehreren Deutschen in den Wald? Das gibt es nicht! Nil sa!« Ich versuchte zwar noch, ihm mein Ehrenwort anzubieten, aber ein Faschist hatte eben keine Ehre – für ihn! Ich konnte es mir nicht verkneifen, ich mußte ihm gratulieren zu seiner einmaligen Heldentat: Nur ihm habe Stalin zu verdanken, daß der nicht von diesem Faschisten mit dem Hackebeilchen erschlagen wurde, denn genau das hatte ich natürlich vor! Hoffentlich findet sich einmal jemand, der ihn zu der gewaltigen Auszeichnung, zum »Helden der Sowjetunion«, vorschlage! Und da mich nun mal der Teufel schon ritt, uzte ich ihn weiter: »Sie glauben doch wohl nicht im Ernst, daß Ihre Posten einen deutschen Leutnant daran hindern könnten, wenn er abhauen wollte?« Jetzt war natürlich er am Auftrumpfen: »Jeder russische Soldat würde Sie abknallen, wenn Sie das versuchen sollten!« »No karascho, posmotrem! Na gut, schaun wir mal!«, antwortete ich lapidar.

Schon am nächsten Morgen wußten alle unsere Bewacher, daß der »Affizerr trapp trapp« machen wollte. »Aber gell, nicht bei uns!« »Nein, ihr wißt schon bei wem!« Schnell waren wir uns einig und rauchten miteinander eine Papyrossi. Nach einigen Tagen war auch unser »Knülch« wieder an der Reihe, auf uns aufzupassen. Er eröffnete mir sofort: »Du trapp trapp – puch, kaputt! Ponjatno?« Natürlich hatte ich kapiert. Aber ich machte ihm klar, daß ich nicht heute und auch nicht in einer Woche, sondern vielleicht in einem halben Jahr trapp trapp machen würde. Und es war ihm genau so klar wie mir, daß es heute passieren müßte. Darum wich er mir nicht von der Ferse. Ich tat, als wäre ich enttäuscht: »Du nix Sportsmann!« Aber er folgte mir auf Schritt und Tritt. Am liebsten wäre er schon in meine Fußstapfen getreten, noch bevor ich sie verlassen hatte.

Ich machte mir einen Spaß daraus, ihn in Bewegung zu halten. Schimpfend ging ich von Gruppe zu Gruppe, wobei ich bei meinem Geschimpfe den Kameraden klar machte, daß ich dem »Knülch« nur Theater vorspielte. Frühzeitig fing ich an, die Tagesleistung der Gruppen aufzuschreiben – in seinem Beisein. Enttäuscht bestätigte ich ihm seinen Sieg: 1:0 für dich! Als Geschlagener setzte ich mich zu meinen Kameraden ans Feuer – er zu den übrigen Posten. Aber bevor er recht saß, war der Affizerr weg! Es dauerte immerhin einige Minuten, bis das Geschrei anfing. Und sofort fielen auch Schüsse. Meine Kameraden erzählten mir später, wie sie den Knülch von einer Gruppe zur anderen geschickt hatten, um mir ein wenig Vorsprung zu verschaffen. Doch schließlich mußte er einsehen: Affizerr trapp trapp!

Natürlich hatte ich mir den Fluchtweg vorher schon genau überlegt: Den kürzesten, direkten Weg durfte ich nicht nehmen. Es waren ja nur wenige hundert Meter bis zum Waldrand, danach etwa 700 Meter Wiesengelände mit einigen wenigen Buschgruppen. Ich mußte den weiteren Weg nehmen, der sich in einem großen Bogen um das Dörfchen und ums Lager herum zog. Ich hatte schon zwei Drittel des Weges geschafft, als meine Verfolger mit Geschrei und Geschieße den Waldrand erreichten. Ich kann mir gut vorstellen, daß die Soldaten sich nicht gerade die Beine ausrissen bei dieser Verfolgung. Vielleicht hat der Knülch ja auch mehr mit ihnen geschrien als nach mir. Vom Waldrand aus veranstalteten sie dann ein großes Schießen, wahrscheinlich auf die verschiedenen Büsche – hinter denen ich ja vielleicht stehen konnte. Ich hastete weiter, denn ich mußte trotz meines Umweges vor den »Verfolgern« im Lager sein. Und das gelang schließlich auch. Es ist anzunehmen, daß der Knülch noch einige Zeit zum Überlegen brauchte, welche Meldung er wohl erstatten sollte, wenn ausgerechnet ihm der Affizerr abhanden gekommen war. Ich klopfte von außen am Wachtiorenhäuschen an, und trotz meiner Atemlosigkeit legte ich eine stramme Meldung vor dem Lagerkommandanten, dem Wachtior und dem Polit-Offizier hin! Jawohl, alle waren zu feierlichem Empfang für mich anwesend. Dem »Blauen« fiel die Kinnlade ins nächste Stockwerk, der Kommandant und der Wachtior schauten rücksichtnehmend beiseite – und feixten. Ich nutzte die günstige Gelegenheit, um meinen Antrag zu wiederholen, ein Kommando mit mir zur Vorausarbeit an den nächsten Waldschlag zu lassen. Schließlich ginge es doch um die Förderung der sozialistischen Aufbauarbeit, die uns Kriegsgefangenen natürlich sehr am Herzen liege, da wir ja unbedingt »Wiedergutmachung« leisten wollten! Der Blaue verließ fluchend das Lokal – wir andern rauchten gemütlich eine Zigarette.

Ich ließ mir das Vergnügen nicht entgehen, zusammen mit dem Lagerkommandanten das heimkehrende Holzkommando zu empfangen. Bei den Gefangenen fehlte nur einer, bei den Bewachern waren es mehrere – der Knülch suchte mit einigen Soldaten noch den Wald ab. Man konnte ja nicht wissen! Von da an strafte er mich mit Verachtung! Mein Schmerz darüber war erträglich. Immerhin, so hatte ich meine Ruhe!

Ein »dolles Ding« haben wir in diesem Lager noch gedreht, aber ich bringe die Einzelheiten nicht mehr ganz zusammen. Jedenfalls kam der Lagerkommandant wieder einmal auf den Holzschlag und sagte mir, er brauche einen Lkw sehr guten, trockenen Holzes. Das war nichts Besonderes. Aber im Zusammenhang damit erzählte er mir, er habe ein Kalb gekauft. Offensichtlich sollte ich annehmen, dafür brauche er das gute Holz. Konnte ja sein, aber wir hatten den begründeten Verdacht, daß er nicht selten auch unsere Lebensmittel verscheuerte. Ich sagte ihm zu – und in meinem Hinterkopf fing es an zu arbeiten. Ich erzählte, bei gemütlicher Zigarette, unseren Bewachern von dem ominösen Kalb. Schnell waren wir uns einig, daß das nicht mit rechten Dingen zugegangen sein könnte. Aber so ist das nun mal in Rußland! Bei unseren Bewachern musste mein Gedanke auf »fruchtbaren Boden« gefallen sein. Sie tuschelten eifrig miteinander – und wurden sich schnell einig: Also, ich sollte mit drei Mann gegen Mitternacht an der Wachtiorenbude sein. Den Wächter würden sie informieren. Sie würden mich dort erwarten. Alles klappte wie am Schnürchen, selbst das Wetter spielte mit; es war ein herrlicher Schneesturm, Spuren würden in kürzester Zeit zugeschneit sein. Wir konnten auf der Straße gehen. Das Haus und nähere Gegebenheiten bei der Wohnung des Lagerkommandanten kannte ich gut, da ich öfter schon schriftliche Meldungen dorthin hatte bringen müssen. Das Vorhängeschloß am Verschlag war schnell beseitigt. Und tatsächlich, da war das Kalb. Unser Metzger trat in Tätigkeit, murkste das arme Tierlein fachgerecht ab. Füße zusammengebunden, Kalb auf Stange gehängt und ab die Post! Erst mal einige Meter in Richtung auf das andere Dorf zu – vielleicht waren doch Blutspuren zu finden, in einem Halbkreis erst später wieder auf unsre Straße und zurück zum Lager! In der »Garnison« wurde »brüderlich« geteilt. Unser Fachmann, zugleich unser Küchenchef, verstand das meisterlich. Einen Teil nahmen wir mit ins Lager – davon bekam noch der »Wachtior« seinen Teil, die andere Hälfte blieb bei unseren Bewachern. »Jagd vorbei! Alles Kamerad schlofen!« Jetzt deckte die Stille der Nacht – und der leise rieselnde Schnee wieder alles zu!

Als am nächsten Tag der Lagerkommandant zum Morgenappell gekommen war, machte er einen bedrückten Eindruck. Beim Ausrücken des Kommandos fragte ich ihn teilnehmend, ob es denn mit der Holzfuhre nicht geklappt habe. Doch, das schon, aber sein Kalb sei weg! »Ja, was soll das heißen?« »Einfach gestohlen!« »Aber Kapitän, im Paradies der Arbeiter und Bauern stiehlt doch niemand Kälber! So etwas mußten doch nur wir tun, die wir unter dem Kapitalismus so sehr geknechtet waren! Da blieb uns ja gar nichts anderes übrig, als Kälber zu stehlen!« »Na ja, durch den faschistischen Krieg ist bei uns eben alles anders geworden!« »Aber Kapitän, waren Sie nicht ein wenig unvorsichtig, das mit dem Kalb so laut zu erzählen? Das habe ja nicht nur ich gehört! Ich könnte mir schon denken, was da passiert ist!« »Ich auch!« brauste er auf. »Aber die lassen mich doch nicht in die Garnison rein!« Gut, dachte ich, lieber Kapitän, du bist auf der gewünschten Spur! Daß in der Garnison nichts passieren konnte, hatten mir die Soldaten versichert.

Der Posten ließ den Kapitän nicht in die Baracke – solange der Leutnant das nicht befahl – und der Leutnant war nirgends zu finden! – Also ein »Hauptmann von Köpenick« hätte dort wohl keinen Erfolg gehabt!

Eine weitere sehr lustige Geschichte passierte am 1. Mai. Am »Weltweiten Feiertag der Arbeit« brauchten natürlich auch wir nicht zu arbeiten. So großzügig und herablassend war die glorreiche Sowjetunion sogar zu uns Faschisten und Kriegsverbrechern! Statt dessen mußte dann wie überall in der kommunistischen Welt eine »Sobranje«, eine große Kundgebung, stattfinden. Das ganze Lager war angetreten, ausgerichtet auf Vordermann und Seitenrichtung. Nach stramm gebelltem »Stillgestanden – zur Meldung Augen rechts!« meldete der deutsche Lagerkommandant, Leutnant Figur, in superstrammer Haltung, mit angelegten Ohren, dem Polit-Oberleutnant: »Das gesamte Lager vollzählig zum Feiertag der sozialistischen Arbeiter der ganzen Welt angetreten«. Das hatte ihm der Antifa-Fritze so aufgetragen – und mit dem verstand er sich sehr gut! Begeistert von so viel zackigem Militarismus riß auch der Blaue Arm und Hand zu strammem Gruß nach oben – wußte dann aber nicht, wie es nun weitergehen sollte – und bellte schließlich »Karascho!« Er hielt steif die Hand am Mützenrand – ebenso Leutnant Figur. Keiner wußte offensichtlich, wie das militärische Zeremoniell sich fortsetzen sollte. Schließlich wandte sich Figur wieder seinen Mannen zu und befahl: »Rührt euch!« Auch die Hand des Blauen zackte nach unten.

Und so standen wir geraume Zeit und warteten, was es nun wohl geben sollte. So wartete auch der allgewaltige Polit-Offizier. Er schob seine Mütze mal ins Genick, mal in die Stirn. Schließlich rief er: »Perewotschik suda!« »Dolmetscher hierher!« Ich verfügte mich neben ihn. Er blickte nach rechts, nach links und ließ schließlich vernehmen: »Nu wot!« Nach einigen Augenblicken der Stille: »Peredaitje!« Übersetzen Sie! Ich übersetze: »Na also!« Mütze ins Genick, Mütze in die Stirn: »Wot dag wot! – Peredaitje!« »Na, also denn!« Schon ging ein leichtes Gemurmel durch die Reihen. Mir wurde hinterher klar, daß unser Sonntagsredner Schwierigkeit hatte mit dem Beginn seiner Rede. Schließlich konnte er ja doch nicht – wie üblich – anfangen mit »Towarischtschi«, Genossen, denn wir waren ja Faschisten. Aber nach nochmaligem Rücken der blauen Mütze schwang er sich doch zu seiner wirklichen Größe auf: »Sewodnije perwi Mai!« Jetzt endlich gab es etwas zu übersetzen. Pflichtgemäß: »Heute ist der erste Mai!« – »I wot äto prasdnik wsech Trudjaschtschichja wsewo mira!« »Und das ist der Feiertag aller Werktätigen der ganzen Welt!« Damit hatte er nicht nur sein Konzept wiedergefunden, er wuchs sogar um einige bedeutende Zentimeter, um dann zu verkünden: »I sewodnije usche odna schestaja tschast mira kommunistitscheskaja!« »Und heute ist schon ein Sechstel der Welt kommunistisch!« »I sawdra budjet odna desjataja tschast!« Ich kam in Verlegenheit: »Soll ich das wirklich übersetzen?« »No konjetschno.« »Natürlich!« – Mit möglichst ernster Miene übersetzte ich: »Und morgen wird es schon ein Zehntel sein!« Ein Geraune geht durch die Reihen. Aber er schwingt sich noch höher auf: »I tscheres sto let budjet odna sotaja Tschast mira!!!« Wieder wollte ich mich rückversichern, sollte ich wirklich? Na, bitte! »Und in hundert Jahren wird es der hundertste Teil der Welt sein!« Jetzt war das Gelächter nicht mehr zurückzuhalten! – Erst freute sich der »Blaue« über den Publikumserfolg seiner Rede. Aber dann kamen ihm doch Bedenken: »Warum lachen die so?« »Na, weil die sich freuen!« O, wenn der erst gewußt hätte, wie sehr er recht haben würde! Aber schließlich wurde ihm die Sache doch verdächtig: »Warum stehen die da überhaupt noch rum? Die sollen in ihre Quartiere gehen!« – Nie mehr sind wir von einer »Sobranje« so fröhlich weggegangen! Denn jetzt sangen wir spontan und freiwillig das von der »Antifa« indoktrinierte Lied: »... denn es gibt kein andres Land auf Erden, wo so frei das Herz des Menschen schlägt«. Da es an diesem Tag noch auf höchsten Befehl »Kascha« (dicke Suppe) gab, wurde das doch noch ein richtiger »Prasdnik«, ein Feiertag! So gab es selbst in diesen schlimmen Zeiten Vorkommnisse, in denen man sich richtig freuen konnte.

Ein großes Ereignis in diesem Lager hat sich mir wohl für mein ganzes Leben ins Gedächtnis eingegraben:

Am 29. Juni 1946, am Tag der Apostel Petrus und Paulus, erhielt ich die erste Nachricht aus der Heimat! Wahrscheinlich war ich sogar der erste, dem dieses Glück wie ein »Geschenk des Himmels« zugesandt wurde. Wie viele haben bis zum Ende der Gefangenschaft vergeblich auf dieses Glück gewartet! Ich weiß nicht mehr, wann wir die ersten Karten in die Heimat schreiben durften. Wahrscheinlich war es von Krasno Mysa aus. In der ersten Zeit durfte man nur 25 Worte schreiben – aber man glaubt gar nicht, wieviel man in 25 Worten unterbringen kann!

Hans Schneider hatte da ein besseres Erinnerungsvermögen. Er schreibt:

»Hier will ich einmal eingehen auf die Kriegsgefangenenpost. Wir bekamen erstmalig im Januar 1946, dann erst wieder im August und von da an monatlich Rotkreuz-Postkarten mit anhängender Antwortkarte, die wir zunächst ganz, aber ab November nur noch mit 25 Worten beschriften durften. Auf die ersten beiden Karten bekam ich keine Antwort. Meine Eltern hatten sie zwar erhalten und auch geantwortet, aber diese Karten gingen verloren – oder blieben bei der Zensur hängen. Je länger ich ohne Nachricht war, umso größer wurde meine Sorge. Wußte ich doch, daß der Krieg auch bei Aachen getobt hatte und meine Eltern im Kampfgebiet geblieben waren. Seit September 1944 hatte ich nichts mehr von ihnen gehört. Andere hatten schon Post aus der Heimat. Endlich im Dezember 1946 wurde auch mein Name bei der Postverteilung aufgerufen. Meine Freude war unbeschreiblich groß, und der positive Inhalt der Karte gab mir neue Kraft.«

Es schien mir am sichersten, die erste Karte an eine bekannte Frau in der Schweiz, nach Kreuzlingen zu schicken. Sie hatte mir finanziell schon viele Jahre geholfen und eigentlich erst meinen Aufenthalt im Konvikt in Tauberbischofsheim und den Besuch des Gymnasiums ermöglicht. Sie war früher einmal eine Patientin meiner Schwestertante Carmella gewesen und war mit ihr in Verbindung geblieben. Von ihr also, und zwar über das Internationale Rote Kreuz, kam die Nachricht: »Eltern und Geschwister, auch Geschwister von Tante Carmella alle gesund, alle daheim!« Es ist schwer zu beschreiben, was eine solche »Frohe Botschaft« für einen Gefangenen bedeutete. Für mich hieß es aber auch, mein Gebet: »Mach mit mir, was Du willst, aber beschütze meine Lieben daheim!« war in Erfüllung gegangen! Nun konnte eigentlich nichts mehr schiefgehen. Ich hatte die gleiche Zuversicht wie damals an der Front, als der erste Tote meiner Gruppe vor mir lag, und »der drüben« nicht nochmals den Abzug betätigte! Ich sagte mir: »Ja, wenn das so ist, dann kann ich getrost die ›Blanko-Vollmacht‹, die ich Gott in die Hand gegeben habe, erneut bestätigen!«

Vielleicht ist das nicht leicht zu verstehen, aber von nun an hatte mein Beten einen froheren Charakter. Mir schien auch bestätigt, daß Führungsaufgaben, die ich immer wieder – zwar nicht gerade suchte, aber doch annahm, sobald sie sich darboten, wirklich eine Sendung, eine von Gott mir gestellte Aufgabe waren. Nicht immer war ich dessen so sicher gewesen, obwohl ich sagen konnte, daß ich es kaum des eigenen Vorteils wegen getan hatte. Mir schien auch die Versicherung meines Vaters richtig zu sein, der oft gesagt hatte: »Bue, mach die Aache uff, donn siescht du, wo du gebraucht wirscht!«

In dieser Zeit der Gefangenschaft hatte ich keinerlei Zweifel an meinem künftigen Beruf als Priester und Seelsorger. Eigenartig, die Kameraden sahen in mir schon einen »halben Pfarrer«. Aus diesem Grund ergaben sich immer wieder ganz spontan religiöse Gespräche. Dabei spielten konfessionelle Unterschiede überhaupt keine Rolle. Oft waren wir selbst darüber erstaunt und waren uns einig: Gott hat uns evangelische und katholische Christen durch Krieg und Gefangenschaft »zusammengeprügelt«, damit wir endlich erkennen mußten, daß wir doch Geschwister sind! Schade, daß diejenigen, die heute das Sagen haben, dieses »Zusammengeprügelt-werden« nicht miterlebt haben! Uns »Alten«, die wir inzwischen sind, will aber nicht in den Kopf, daß nicht schon allein das Herrenwort: »Seid einig, damit die Welt glauben kann!« (Joh.17,21) genügt, um über alle von Menschen gebaute Barrieren hinwegzukommen!

Selbst mit unseren jungen russischen Bewachern ergaben sich manchmal solche Gespräche. Einer, Sascha, ist mir noch sehr lebendig in Erinnerung. Er setzte sich zu mir ans Feuer und versicherte mir, ich könne ihm eine ehrliche Antwort geben, er würde mich sicher nicht verraten. »Du bist doch Affizerr, du bist also doch ein »Intelligentschik«, sag mir ganz ehrlich: Glaubst du an Gott? – Du kannst es mir ruhig ganz ehrlich sagen; ich verrate es nicht an deine Kameraden und auch nicht an die Russen.« Das konnte ich erst später verstehen, als er mir deutlich machte, wenn er an Gott glauben würde, dürfte er das seinen Kameraden nicht sagen, das wäre zu gefährlich! Ich erklärte ihm also: »Ja, ich glaube an Gott, nicht etwa obwohl ich intelligent bin, sondern gerade deshalb! »Aber hast du denn Gott schon gesehen?« »Nein, natürlich nicht!« »Also, siehst du, dann gibt es ihn auch nicht. Alles, was es gibt, kann man sehen, und was man nicht sehen kann, das gibt es auch nicht!« »Sag mal, Sascha, hast du Verstand?« »Also hör mal, ich hatte keinen Vater, der genug Geld hatte, mich studieren zu lassen. Aber daß ich Verstand habe, das solltest du nicht anzweifeln!« »Tu ich auch nicht, aber, Sascha, zeig mir mal deinen Verstand!« Er sah mich groß an, wußte nicht, was er antworten sollte, spuckte ins Feuer und ging. Am nächsten Tag suchte er mich wieder auf: »Du, Affizerr, hast du eine Seele?« »Na selbstverständlich!« »Ja, dann zeig sie mir doch mal!« »Halt, Sascha, du hast gesagt, alles, was es gibt, kann man sehen! Ich weiß wohl, daß es vieles gibt, sogar das Wichtigste, was man nicht sehen kann«, erwiderte ich ihm. »Aber ich hab keine Seele – und fühle mich ganz wohl dabei!« »Na, dann freue dich doch!« »Ja, aber du meinst, ich hätte eine Seele – kannst du mir das beweisen?« »Wenn du willst!« »Also bitte!« »Gut, Sascha, gib mir mal deinen Schießprügel!« »Wozu denn das?« »Ich will dir nur ein kleines Loch durch deinen Kopf schießen. Aber keine Angst, ich sammle alles, was auf der anderen Seite herausfliegt ein und stopfe es wieder in deinen Kopf. Ich garantiere dir, es wird kein Milligramm fehlen, du wirst dasselbe Gewicht haben wie vorher!« »Aber dann bin ich doch tot!« »Wieso denn, es fehlt dir doch nichts!« »Machen wir es doch umgekehrt: Ich schieße dich durch den Kopf!« »Ja, Sascha, mir fehlt dann die Seele, das Allerwichtigste, auch wenn du mir alle Atome wieder reinstopfst!« Kopfschütteln, Spucken, ein Fluch, den ich nicht wiederholen will – und weg war er. Aber er kam immer wieder. Und es war ihm anzumerken, daß es in ihm »geschafft« hat. Einmal gestand er mir: »Das ist komisch, daß es keine ›Wedma‹ (Hexe) gibt, das hat man uns einmal gesagt, und dann war das klar. Warum ›beweist‹ man uns immer wieder in jeder Unterrichtsstunde, daß es keinen ›BOG‹ (Gott) gibt! Das muß doch Gründe haben!«

Eine gemeinsame Papyrossi besiegelte unsere Freundschaft!

Die Zeit ging weiter, das Jahr 1947 neigte sich seinem Ende zu. Optimisten meinten oder redeten sich ein: Auch die Sowjetunion kann es sich nicht leisten, Kriegsgefangene länger als anderthalb Jahre nach dem Ende des Krieges noch festzuhalten. Die Russen wollen vor der Welt doch auch als »Kulturnation« dastehen! Doch die Zahl der Optimisten nahm ab – und noch mehr die Glaubhaftigkeit ihrer Argumente. Wer sollte auch schon die Sowjetunion zu irgend etwas zwingen können, und freiwillig verzichteten die Kommunisten sicher nicht auf ein solches Heer von billigen Arbeitskräften! Dabei wußten wir damals alle nicht, daß die Sowjetunion sich ein noch viel größeres, ein millionenfaches Heer von Arbeitskräften aus dem eigenen Land in viel schlimmerer Sklaverei hielt!

Und mit dem zu Ende gehenden Jahr näherte sich wieder – Weihnachten! »Weihnachten zuhause«, das wagte schon kaum mehr einer zu hoffen. Aber Weihnachten feiern – noch einmal in Gefangenschaft? Da sollte bloß keiner ...! Lieber die Decke über den Kopf ziehen und möglichst schnell einschlafen! Jedoch für Willi und mich und noch einige Freunde stand fest: Weihnachten konnte nicht einfach übergangen werden! Irgend etwas mußte geschehen – aber was? Ich selbst war wieder – wie, das weiß ich nicht mehr – in den Besitz eines »Sonntags-Schotts«, eines Laienmeßbuchs für Sonn- und Feiertage, gekommen. Willi hatte eine Lutherbibel. *Daß* wir so etwas unser eigen nennen durften, war uns eigentlich schon Verpflichtung genug. Daß wir beide »Laien« waren, entband uns nicht von der Aufgabe, die Frohe Botschaft weiterzugeben – »gelegen oder ungelegen!«

Nur, wie machte man das – gerade in dieser Situation?!

Wir sammelten zunächst einmal möglichst viele Strophen der Weihnachtslieder: »Stille Nacht, heilige Nacht«; »O du fröhliche, o du selige«; »Zu Bethlehem geboren« und »Es kam ein Engel hell und klar«. Gemeinsam brachten wir da schon einiges zusammen – im stillen sangen wir ja diese und andere Kirchenlieder immer wieder – sie waren uns eine große Hilfe! Wenn wir die einzelnen Strophen im voraus vorsagen würden, dann könnten die anderen – jedenfalls wer wollte – schon mitsingen. Doch damit hatten wir erst den »Rahmen«. Nun, es stand fest, daß die anderen Freunde die Lesungen aus Jesaja und dem Lukas-Evangelium hielten und ich versuchen mußte, eine Art Predigt zusammenzubringen! Das war schon eine Aufgabe, wenn man noch nicht eine einzige Stunde Theologie gehört hatte! – Ja, und dann, was sollte weiter passieren? Schüchtern machte ich den Vorschlag, aus meinem Sonntagsschott einfach die »Christmette« zu lesen – genau wie das in der Heimat geschah. Damit waren dann auch alle einverstanden – konfessionelle Bedenken kamen da keinem!

Aber zu Weihnachten gehörte, für uns Deutsche wenigstens, auch der äußere Rahmen: Weihnachtsbaum und Krippe. Eine Tanne zu beschaffen, war natürlich kein Problem, Bäume gab es schließlich im Überfluß. Inzwischen hatten wir ja auch ein »Krankenrevier«, von wo man zur Dekoration Watteflöckchen kriegen konnte. Ja und so ein Tüftler fand heraus, daß man in Patronenhülsen Öl füllen, einen Wattedocht hineinstecken und das Gebilde als »Weihnachtskerze« auf dem Baum mit einem Stück Draht befestigen konnte.

Willi erinnert sich noch, daß wir den Weihnachtsbaum, um ihm »festen Stand« zu geben und wohl auch aus Platz-Ersparnisgründen, an der Wand festgenagelt hatten. Eine Futterkrippe aus Birkenholz und darüber ein Kreuz, ebenfalls aus Birkenholz, (daß Letzteres sehr an die Grabkreuze erinnerte, die wir so oft auf Gräbern von gefallenen Kameraden aufgerichtet hatten, war wohl unvermeidbar), das »zimmerte« uns wohl unser Herbert Drechsler zusammen.

Schließlich war es so weit, es kam die »Heilige Nacht«. Beim Abendessen hatten wir mehrmals dazu eingeladen, nach dem Essen nochmals in den »Speisesaal« zu kommen »zu einer kleinen Weihnachtsfeier!« Es kamen nicht alle, aber es kamen sehr viele.

Daß jener »Heilige Abend« bleibende Eindrücke hinterließ, beschäftigte auch Hans Schneider. Er erinnert sich: »Mein 5. Weihnachtsfest in der Fremde stand bevor. Am Hl. Abend wollte Alfred Behr, der nach der Heimkehr Theologie studieren möchte, eine kleine Feier arrangieren und hatte einen Arbeitsraum mit Tannengrün und einem Kreuz aus Birkenholz geschmückt, um uns in die rechte Stimmung zu versetzen. Ich betrat mit meinen Stubengenossen den Raum. Wir sahen uns um – und gingen wieder hinaus. Für eine sicher gut gemeinte Feier war in unseren Herzen kein Platz mehr. Wir waren zu abgestumpft!«

Nachdem sich die Kameraden also im Speisesaal eingefunden hatten, fiel es mir als »halbem Pfarrer« zu, zu begrüßen und einzuleiten. Ich tat das schon mit einigem »Bammel«. Als ich dann aber das »Stille Nacht« anstimmte – und doch so viele gerührt, aber kräftig mitsangen, war der Bann gebrochen. Willi und unsere Freunde Alfred Bode, Willi Glunkel, Kurt Koch (Willi hat diese Namen noch behalten) teilten sich die Rolle der Lektoren. Was ich im einzelnen in meiner »Predigt« sagte, weiß ich natürlich nicht mehr so genau. Es dürfte wohl das Thema gewesen sein: Unsere Birkenholz-Krippe ist leer. Aber das scheint nur so. Denn der, für den es damals keinen anderen Platz gab als einen Stall und eine Futterkrippe, der ist heute unter uns. Denn das Eine hat Er uns versprochen: »Wo zwei oder drei in meinem Namen beisammen sind, da bin ich mitten unter ihnen!« Ich meinte dies durch unser Zusammensein intensiv fühlen zu können. »Etwas aber ist über unserer Birkenkrippe deutlicher zu sehen als damals in Bethlehem – obwohl es auch dort schon da war: Das Kreuz über der Krippe! Wenn wir früher im Kreise unserer Familien oder bei versammelter Gemeinde in der Kirche Weihnachten feiern konnten, dann haben wir damals die Krippe mit all dem schönen »Drum und Dran« mit großer innerer Freude und Wärme wahrgenommen. Die Wahrheit des Kreuzes aber geht uns wohl erst heute richtig auf. Denn der Gottessohn, der damals in der Krippe lag, ist derselbe, der später gerufen, nein geschrien hat: »Mein Gott, warum hast Du mich verlassen?« Dieser Schrei ist uns nicht fremd, den kennen wir alle, und so ist uns auch das Kreuz nicht fremd. Trotzdem – nein gerade deshalb gilt uns die Botschaft der Heiligen Nacht: »Zu Bethlehem geboren ist uns das Kindelein!« Und heute verstehen wir vielleicht auch besser, daß »die Welt verloren« ginge, genau das haben wir doch erlebt, erlebt, was aus einer Welt wird, die meint, ohne Gott auskommen zu können, wenn ER nicht für uns geboren wäre!«

Ich kann nicht sagen, wie es den anderen ging. Ich für mich glaube, daß mich die Texte der Weihnachtslieder vorher nie – und auch heute wohl selten (als Pfarrer hat man dabei immer gleichzeitig noch an so viel anderes zu denken) innerlich so ergriffen hatten wie damals! – Vielleicht habe ich jetzt auch zu viel von meinem heutigen »Pfarrersfundus« in diese Predigt hineingelegt. Mag sein.

Wenn ich aber heute, mehr als ein halbes Jahrhundert später, im Brevier im Psalm 90 auf die Worte stoße:

»Unser Leben währt siebzig Jahre,
Und wenn es hoch kommt, sind es achtzig.
Das Beste daran ist nur Mühsal und Beschwer,
Rasch geht es vorbei, wir fliegen dahin ...«

dann spüre ich, und mein Freund Willi bestätigt mir das immer wieder: Diese »Mühsal und Beschwer« hat unser Leben doch stark geformt und geprägt. Freilich wird man das kaum mit Worten anderen begreiflich machen können. Willi hat später unser Erleben in ein Gedicht gefaßt:

Heiligabend in Gefangenschaft

Heiligabend war's wieder geworden.
Auch dort oben bei uns in Rußlands Norden.
Erklungen die Kunde von Jesus Christ,
der für uns heute geboren ist.

Versammelt wir waren im kleinen Raum.
Wir konnten's kaum glauben – erfassen kaum,
verdüstert die Herzen, ganz dunkel der Sinn,
fort zogen die Gedanken zur Heimat hin.

Voll Heimweh und Sehnsucht waren die Herzen,
nicht leuchteten hell am Baum die Kerzen.
Verlassen und einsam wir alle waren,
von den Lieben getrennt, fern der Heimat seit Jahren.

Da, in unserem bitteren Groll
die Kunde vom Kind in der Krippe erscholl,
das ein Herz voll Liebe uns hat gebracht
und auch an unsern Jammer gedacht.

Vor unsern Augen das Kripplein erstand,
mit dem Kind, das zum Heil uns gesandt,
das die Liebe zu uns in die Welt getrieben,
dem unsere Not nicht verborgen geblieben.

Nun konnten wir singen und waren beglückt,
fort waren die Sorgen, die so schwer uns bedrückt.
Denn unser Heiland, wie wir so arm;
fort war der Kummer, weg Leid und Harm.

In unseres Lebens tiefstes Dunkel
erstrahlte ein Licht mit hellem Gefunkel.
Die Botschaft vom Heiland der Welt,
der sicher in seiner Hand *auch uns* hält.

Ich weiß, wer das nicht selbst erlebt hat, dem werden auch diese Worte kaum »unter die Haut« gehen. Und insofern kann ich auch meinem Erzbischof Wendelin Rauch, bei dem ich 1949 eine Audienz nach meiner Heimkehr hatte, nicht übel nehmen, daß er entsetzt war, als ich ihm berichtete, wir hätten »die Messe gelesen«. Als sähe er den Höllenrachen offen, entrüstete er sich: »Sie haben die Messe gelesen – als Laie, der Sie doch waren?« »Nun ja, Herr Erzbischof, wir haben nicht Eucharistie gefeiert, sondern wirklich nur den Text der Messe vorgelesen – im Bewußtsein, daß in der Heimat tausende Christen diese Worte hören und so mit uns in Verbindung sind. Na, und dann habe ich eben gepredigt. »Was, Sie haben *gepredigt*«? – »Nun, eben eine Ansprache gehalten«. Sichtlich erleichtert seufzte er: »Ach so!« Ich konnte mir allerdings die Bemerkung nicht verkneifen: »Herr Erzbischof, Ihre Sorgen hätte ich da mal haben wollen!«

Wir hatten jedenfalls keine Schwierigkeiten – auch die evangelischen Mitbrüder nicht – und die waren bei weitem in der Mehrzahl! –, die Worte der Christmette, »wie sie jetzt in hunderten Kirchen der Heimat gefeiert werden« zu sprechen, anzuhören – und mit zu vollziehen. Zurückschauend möchte ich aber sagen: Wenn ich damals mein heutiges theologisches Wissen – erweitert durch ökumenische Erkenntnisse – gehabt hätte, dann hätte ich ohne Bedenken Eucharistie bzw. Abendmahl mit meinen Kameraden gefeiert! – Auch wenn ich nur russisches »Chleb und »Tschai«, Brot und Tee, gehabt hätte! Es macht mich geradezu wütend, wenn ich mir auch heute noch immer wieder von hohen Würdenträgern der katholischen Kirche anhören muß: »Die Zeit ist für gemeinsame Eucharistie noch nicht reif!« Im »Volk Gottes«, an der Basis, ist die Zeit längst reif! Aber es ist eben, wie wenn im Frühling bei uns unten im

Tal die Blumen schon ihre Farbenpracht entfalten – in den höchsten Höhen, die es allerdings nach dem Willen unseres Meisters nicht geben dürfte (vgl. Matth. 12,46; 23,7-10), da ist noch eisiger (ökumenischer) Winter!

Inzwischen habe ich mein *Tagebuch der Gefangenschaft*, das ich auf so abenteuerliche Weise in die Heimat gebracht und über ein halbes Jahrhundert nicht mehr angeschaut habe – weitgehend entziffert. In ihm lese ich in einem *Jahresrückblick 1947*:

»Wenn ich das Jahr 1947 noch einmal vor meinem geistigen Auge vorübergehen lasse: Wie gut ist es mir doch ergangen! Ja, ich hätte wirklich Grund, ›vor der Götter Neid zu bangen‹, wenn es mir nicht wirklich ernst wäre mit dem Ja, das ich meinem himmlischen Vater für alles, was er mir schickt, gegeben hätte.

Da war der Monat Januar, der letzte, den ich in Krasno Mysa verbringen durfte. Mit einer *Neujahrsandacht*, mit einem Aufblick zu Gott, hatten wir das neue Jahr begonnen. Brachte es auch nicht für alle die ersehnte Heimkehr, so hatten doch immerhin einige dieses Glück. Aber auch uns anderen hat es an Gottes Schutz und Segen nicht gefehlt. Den ersten Monat verbrachte ich noch dort im Wald. Wenn man von den kleinen Unannehmlichkeiten des Alltags absieht, war es doch eine recht schöne Zeit. Wie frei und zufrieden konnte ich mich doch draußen unter den schneebedeckten Bäumen fühlen. Sie nahmen mich nicht als Feind auf unter ihrem Dach, obwohl auch sie die Narben des Krieges trugen. Bei ihnen war ich zuhaus, unter Brüdern! Ja, ich kann sogar sagen unter ›Gleichgesinnten‹. Denn ihr Vorbild stellte mir immer meine Lebensaufgabe vor Augen: Die Hände zum Himmel erheben, zu Gottes Ehre und zum Dienst und Nutzen der Menschen leben.

Eine besondere Befriedigung war es mir auch, daß ich doch so manchem armen ›Plenni‹ meiner Brigade helfen konnte, die schweren Zeiten leichter zu überstehen. Die wenigen, die noch aus jener Zeit bei mir sind, haben das noch nicht vergessen!

In der klaren Sternennacht vom 31. Januar auf 1. Februar fuhren wir mit frohem Gesang nach Krasnoje Selo. Uns allen war klar, daß wir einer wesentlich härteren Zeit entgegengehen würden. Aber sie sollten uns nicht klein kriegen! Letztlich brachte uns auch diese Fahrt wieder einen Schritt der Heimat näher!«

Kapitel 6

Krasnoje Selo

Wieder landen wir in Krasnoje Selo. Es muß im Januar oder Februar 1948 gewesen sein. Mein Tagebuch wußte es genauer: Es war in der klaren Sternennacht vom 31. Januar auf den 1. Februar.

Jedenfalls war es bitter kalt. Die Baracken waren nicht geheizt – oder nur durch den Mief, den die Gefangenen ausströmten. Und der war intensiv! Normales tägliches Waschen – auch nur die Nasenspitzen – gab es nicht! So ist mir Krasnoje Selo von allen Lagern, die ich erlebt habe, in schlechtester Erinnerung.

Im Tagebuch lese ich: »Die folgenden anderthalb Monate waren dann auch wirklich die schwersten in der ganzen bisherigen Gefangenschaft. Was haben wir doch gefroren auf jenem verrufenen ›Kilometer 23‹ der Straße nach Leningrad! Dazu kam noch der Terror im Lager, der Hunger, und alles, was das Lager sonst noch zu bieten hatte. Das Beste, was man tun konnte, war, am Abend frühzeitig, d. h. sobald man überhaupt ins Lager kam, sich langzulegen und im Schlaf alles zu vergessen. Nicht selten wurde man erst spät in der Nacht zum ›Abendessen‹ geweckt. Man trank seine Kapustasuppe und schlief – sofern es die Wanzen erlaubten – weiter.«

Wenigstens in der Anfangszeit war es noch nicht recht hell, wenn wir zur Arbeit ausrückten, und schon wieder dämmerig, wenn wir zurückkamen. Ich erinnere mich noch, daß wir manchmal am Morgen Kranke mit zur Arbeit schleppen mußten, die wir dann am Abend totensteif ins Lager zurücktrugen. Das wurde offensichtlich auch von der Bevölkerung wahrgenommen, denn als ich ein halbes Jahrhundert später humanitäre Hilfe nach Krasnoje Selo bringen konnte, sagte mir eine Frau,

Kyra: »Was, ihr bringt uns jetzt Hilfe, wo ihr so schlecht behandelt wurdet! Wir haben doch gesehen, daß ihr manchmal tote Kameraden von den Arbeitsstellen ins Lager getragen habt!« – Auch hier war wiederum nur ein gewisser Prozentsatz an Krankmeldungen »erlaubt«. Wenn der erreicht war, wurde im Lazarett niemand mehr zugelassen – auch bei größter Kälte nicht! Die Kältegrade wurden ja ohnehin vom Arbeitsoffizier mit dem Thermometer in der Hand »festgestellt«. Kranke mußten also beim Morgenappell mit antreten – und von da ging es direkt zur Baustelle.

Und was für eine »Baustelle«! Da mußte ein Erdwall aufgeschüttet werden, auf dem dann eine Straße angelegt werden sollte, und die würde zu einer später zu bauenden Brücke über eine Eisenbahnlinie führen. Was da geplant wurde, das hat man uns allerdings nicht gesagt. Das konnte man nur erahnen, weil der Erdwall beiderseits quer zur Bahnlinie aufgeschüttet werden mußte. Nun war aber die Erde so beinhart gefroren, daß mit dem Pickel nichts losgehackt werden konnte. Kein Problem! Wir waren ja mit »technischen Hilfsmitteln« bestens ausgerüstet: Da gab es große Eisenkeile und dazu schwere »Molotoks«, Hämmer, und zum Abtransport des losgehackten Materials standen »Nosilkis« zur Verfügung, das waren flache Kästen mit Trägern für zwei Mann. Diese »Nosilkis« haben wir allerdings sehr geschont, denn man konnte allenfalls am Abend einige losgehackte Erdbrocken darauf laden und zum Erdwall bringen. Freilich, wenn sich Aufsicht zeigte, liefen unsere Träger eifrig hin und her. Dann mimten auch wir anderen fleißige Arbeit. Ansonsten aber schwangen wir Pickel und Hammer nur, soweit sie zum Warmhalten dienen konnten. Denn auch hier waren die wenigen Aufwärmebuden den Wachtposten und Aufseher vorbehalten. Was wir hier in wochenlanger Arbeitsleistung vollbracht haben, hätte bei warmer Witterung ein einziger Mann in einem halben Tag leisten können! Kein Wunder, daß die Pessimisten unter uns, und die waren gar nicht so selten, zu der Auffassung kamen: Hier geht es nicht um Arbeitsleistung; wir Deutschen sollten durch harte Arbeit schlicht und einfach verrecken! – Ich glaube nicht, daß auch nur ein einziger unter uns war, der wußte, daß über deutschen Konzentrationslagern angeschrieben stand: ARBEIT MACHT FREI – die Optimisten hätten es sonst noch schwerer gehabt, den Kameraden Mut zu machen.

Auch Hans Schneider arbeitete an dieser Straßenüberführung: »Der Damm mußte mit Erdreich aufgeschüttet werden. Mit der Kreuzhacke schlugen wir Brocken der metertief gefrorenen Erde los und fuhren sie mit der Schubkarre auf den Damm. Es waren nur wenige Karren voll, die wir an einem Tag schafften, was aber nicht nur an der Härte des Bodens, sondern auch daran lag, daß wir bei der unerträglichen Kälte so oft wie möglich das ständig brennende Feuer aufsuchten. (Da hatte er mehr Glück als unsere Brigade!) Eines Abends aber hatte ich ein eigenartiges Gefühl an der linken Großzehe und schaute sie mir an. Die Zehenspitze war weiß, das Zeichen einer Erfrierung. Am nächsten Morgen ging ich ins Lazarett, wo meine Mutmaßung bestätigt wurde. Man behielt mich gleich dort, nachdem ich meine Siebensachen geholt hatte. Die Zehenspitze und der Nagel faulten ab, so daß das Knochenende sichtbar wurde und blieb. Schmerzen hatte ich nicht.« – Für Hans Schneider war damit aber auch das Signal für die Entlassung gegeben. Zwar wurde auch er noch hin- und hergeschoben, von einem Lager zum anderen. Aber im Juni 1948 hat er es dann geschafft: Er durfte heimkehren!

Inzwischen bin ich schon oft von St. Petersburg nach Krasnoje Selo über diese Straße gefahren. Heute weiß natürlich niemand mehr von den Mühen und Nöten der damaligen Zeiten. Wenn wir aber über die Eisenbahnbrücke fahren, vergesse ich nie eine abenteuerliche Fahrt, die wir hier einmal erlebt haben. Von Krasnoje Selo bis an diese Arbeitsstelle hatte die Straße einiges Gefälle. Die russischen Fahrer stellten dann oft, um Benzin zu sparen, den Motor ab und fuhren im Karacho den Abhang hinunter. Normalerweise ging das auch gut, denn es war kein allzu häufiger Zugverkehr. Einmal aber sahen wir von Leningrad her den Zug andampfen, sahen, wie die Schranken geschlossen wurden –, und der Fahrer kriegte offensichtlich den

Gang nicht mehr rein. Da unser riesiger Lkw voll beladen war, halfen auch Handbremsen nicht mehr. Wir rasten auf den Zug zu, alle brüllten vor Angst, wären gern abgesprungen, was aber wegen der hohen Bordwände nicht möglich war. Das mußte eine Katastrophe geben! Wir krachten und splitterten durch die Bahnschranke hindurch – und der Zug knapp hinter uns vorbei! Der Zug fuhr noch ein ganzes Stück weiter, bis er zum Stehen kam. Dann gab es ein Mordsgeschreie und -gefluche – bei uns nur ein Aufatmen – wie eben nach überstandener Todesgefahr.

Im Lager wurde erzählt, nach Rückeroberung von Krasnoje Selo durch die Rote Armee habe man den dortigen Deutschen Soldatenfriedhof mit Panzerfahrzeugen zerstört und unkenntlich gemacht. Trotzdem sollen immer noch russische Zivilisten an den ehemaligen Soldatengräbern Blumen niederlegen. – Das wurde so erzählt. Keiner von uns hat je diesen Soldatenfriedhof zu sehen bekommen – obwohl wir ja fast täglich dort vorbei fuhren, denn der Friedhof lag direkt an der Hauptstraße des Städtchens. Er war aber durch eine Baumreihe von der Straße etwas abgegrenzt. Da auf der anderen Seite Häuser standen mit Läden – »Magazine« nennt man das dort –, war unsere Blickrichtung nach dieser Seite natürlich viel interessanter.

Als ich 1990 zusammen mit meinem Bruder Krasnoje Selo zum ersten Mal wiedersah, suchte ich nach dem Platz des damaligen Lagers. Mein Kamerad Friedrich Hess aus Beerfelden im Odenwald hatte mir gesagt, man habe vom Lager aus eine kleine russische Kirche gesehen – ich konnte mich daran nicht mehr erinnern. Dieses Kirchlein fanden wir, sein Zwiebelturm war von der Hauptstraße aus zu sehen. Unser russischer »Schoffeer« Boris fuhr uns dahin. Das Kirchlein war geschlossen. Aber nahe dabei saß einer auf dem Dach und reparierte. Ich rief zu ihm hinauf, sagte ihm, ich sei hier »Woina Plenni« gewesen und suche den Platz, wo unser damaliges Lager war. Ob er mir das wohl sagen könnte? Njet, das weiß er nicht. Er war damals noch ein »Maltschik«, ein Junge. Doch zu seiner Mutter wären manchmal Deutsche gekommen und hätten um »Chleb und Kartoschki«, Brot und Kartoffeln, gebettelt. Aber dort, hinter der Kirche wohne eine alte Frau, die müßte das vielleicht wissen. Wir klopften dort mehrmals, bis schließlich eine alte Frau vorsichtig die Türe um ein Spältchen öffnete. Ich erklärte ihr, ich sei hier als »Woina Plenni« gewesen und suche nun den Platz, wo damals unser Lager war. Sofort bat sie uns herein mit überschwenglicher Freude, forderte uns auf, Platz zu nehmen und mit ihr Tee zu trinken. Fast schien es, als wollte sie uns gar nicht mehr fortlassen. Aber den Lagerplatz kannte sie auch nicht. Wir sollten aber einmal fragen dort beim Lenindenkmal an der Hauptstraße. Vorher aber wollte sie uns noch die Kirche zeigen, und dort waren mehrere Frauen, die mit der Reinigung beschäftigt waren. Unsere »Wirtin« stellte uns vor als ehemalige Soldaten und Kriegsgefangene. Und sofort umringten sie uns, redeten vielstimmig auf uns ein und wollten unbedingt mit uns zusammen fotografiert sein. – Zwei Jahre später habe ich diese Frauen wieder getroffen. War das eine Freude!

Unter ihnen war auch Kyra, die im Krieg nach Deutschland verschleppt worden war, die aber das Glück hatte, als Hausmädchen in einer Arztfamilie arbeiten zu dürfen. Dort hatte sie richtigen »Familienanschluß«. Inzwischen konnten wir diese Familie ausfindig machen – und Kyra wurde schon mehrmals dorthin eingeladen. – Als sie aber nach Kriegsende in ihre Heimat wieder zurückkam (sie sagte: Warum war ich nur so dumm und bin nicht in Deutschland geblieben!) wurde sie wegen »Kollaboration mit dem Feind« zu mehrjähriger Haftstrafe verurteilt. Sie mußte neben deutschen Kriegsgefangenen in der Papierfabrik arbeiten. Und da erzählte sie uns: Wenn Russen frech und aufdringlich wurden, standen wie vom Himmel gefallen zwei deutsche Kameraden neben ihr, und man ließ sie in Ruhe!

Das Lenindenkmal fanden wir damals schnell, nur meinte ich sofort, das könnte nicht der Platz des Lagers sein. Es war eine schöne, wenn auch nicht übermäßig gepflegte Parkanlage mit Ruhebänken und Kinderspielplätzen. Da sah ich einen Mann, etwa meines Alters, mit vielen Kriegsauszeichnungen auf der Brust. Er saß zusammen mit seiner Frau auf einer dieser Parkbänke. Ich entschuldigte mich für die Störung, stellte mich vor als ehemaligen Kriegsgefangenen – und konnte gar nicht weiter sprechen, denn der Mann sprang auf, umarmte mich, erst dachte ich, der wollte mich erdrücken, denn so eine richtige Bärenfigur hatte der schon! Aber nein: »Brüderchen ist das schön, daß ihr jetzt als Gäste zu uns kommt! Wir sind doch keine Feinde, wir sind doch Brüder!« Von dieser Begegnung habe ich schon im Vorwort berichtet.

Ich war von diesem »Ausbruch« von Freundschaft überwältigt! Noch heute bedaure ich, daß wir nicht Adressen ausgetauscht haben – aber damals ahnte ich noch nicht, daß ich künftig häufig dahin zurückkehren würde. Ob ich nicht ein »Pamiatnik«, ein Andenken für ihn hätte? Ja, wenn er mit mir ans Auto gehen würde – Boris reparierte dort, er war in ein Loch gefahren. Nein, das könne er nicht, denn seine Frau sei »wisslos«, die würde nicht verstehen, wenn er wegginge. Aber da sah er einen Kugelschreiber in meiner Hemdtasche. Ob ich den sehr brauchen würde, den hätte er gern, und ich könne mich darauf verlassen, er werde täglich an mich denken!

Als ich zwei Jahre später in einem Brief in der »Prawda« meine Aktion »Spasibo matuschka«, »Danke, Mütterchen« ankündigte, las das unsere liebe alte Nadjeschda und tat alles, diesen »Pastor Ber« kennen zu lernen. Schon beim ersten Treffen erzählte sie mir, daß sie es nie so gut hatte als damals, da die deutschen Soldaten in Krasnoje Selo waren. Darum bringe sie heute noch Blumen auf den damaligen Friedhof, denn da lägen einige Soldaten, denen sie viel zu danken hätte! Ich mußte sofort mit ihr auf diesen Friedhof – dort beim Lenindenkmal! Sie zeigte mir die Blumen, die sie vor einigen Tagen an einer der Birken niedergelegt hatte. Diese Birken, die heute noch stehen, waren damals zwischen den Soldatengräbern angepflanzt worden. Nadjeschda konnte mir natürlich auch den Lagerplatz von damals zeigen – sie wohnt ganz in der Nähe. Aber vom damaligen Lager war keine Spur mehr zu sehen – nur das Kirchlein, jetzt mit vergoldeter Turmspitze, war von dort deutlich zu erkennen.

Doch wieder zurück ins Lager, aber als »Woina Plenni« und

ein halbes Jahrhundert zurück! Dieses Lager war wirklich ein Graus. Zu den Läusen, die wir zu allem Überfluß schon mitgebracht hatten – es wären ja genug dagewesen – plagten uns hier nächtelang die Wanzen. Gegen die war noch schwieriger anzukämpfen als gegen die Läuse, die konnte man wenigstens noch fassen und ebenso wie ihre Nissen zwischen den Daumennägeln zerdrücken. Allerdings war es wie bei der Hydra in der griechischen Sage, wenn man eine umbrachte, wuchsen sieben neue nach! Die Wanzen aber fand man kaum. Die saßen tagsüber in allen Ritzen der Betten und der Wände, und in der Nacht kletterten sie hoch und ließen sich als »Fallschirmspringer« auf uns hernieder. Es wurden alle möglichen Strategien versucht. Da diese Biester anscheinend das Licht scheuten, bastelten einige von uns, die in Fabriken arbeiteten, Öllämpchen, die man über Nacht brennen lassen konnte. Elektrisches Licht gab es ja in diesem Lager nur für die Lagerleitung. Aber an das elektrische Licht hatten sich auch in Rußland die Wanzen längst gewöhnt. Vielleicht störte sie das auch nur deshalb nicht, weil wir sie ja vom elektrifizierten Deutschland – angeblich! – eingeschleppt hatten! Nein, die Wanzen störten die Öllämpchen nicht – aber uns wurde eines beinahe mal zur Katastrophe:

Da wollte ein Kamerad in der Nacht am brennenden Lämpchen meines »Untermieters« seine Machorka-Zigarette anzünden. Das Lämpchen fiel auf den schlafenden Kameraden herab und der war im Nu in Flammen gehüllt. Der brüllte schrecklich, schlug wie wild um sich, so daß wir anderen, die auch schon geschlafen hatten, ihn nur sehr schwer löschen konnten. Das hätte schlimm ausgehen können, aber es blieb mehr oder weniger beim Schrecken. Der Zigaretten-Anzünder vertraute mir viel später erst seine Urheberschaft an. Wir alle waren der Meinung, der Brandgeschädigte habe geträumt und um sich geschlagen und so selbst das Unglück heraufbeschworen.

An diese Baracke erinnert mich auch noch eine »Zusatzverpflegung«, die wir einmal für gute Arbeitsleistung bekommen sollten. Die Küche wollte Kartoffeln abkochen – konnte es aber nicht, weil inzwischen die Schneeschmelze eingesetzt hatte und das Feuerloch des Kochkessels unter Wasser stand. Erst nachts, um zwei Uhr soll es gewesen sein, kamen zwei Küchenbullen mit einem Kessel »Kartoffelkascha«: »Aufstehn, Zusatzverpflegung empfangen!« Im Nu war alles auf den Beinen, anstehen in Schlange, das konnten wir ja inzwischen alle. Die ersten saßen schon auf ihren Pritschen, löffelten, schmatzten und – fluchten! »Mensch, das sind ja erfrorene Kartoffeln! – und so viel Sand und Stroh dabei! – Pfui Teufel!« Der Hunger ließ auch mich anstehen, aber als es mir auf den Zähnen knirschte, als es mich trotz Hunger würgte, gab ich meine Büchse einem Kameraden. Der hatte mir vor Tagen einmal geklagt, daß er so sehr Hunger habe, daß er sich richtig überwinden müsse, um mir nicht mein Brot aus der Hand zu reißen. Er hat ohne zu jammern und zu klagen die ganze Pampe aufgefressen. Ich legte mich hungrig zurück auf meine Pritsche.

An ein Ereignis wurde ich letztes Jahr (2000) bei einem Besuch am Ladogasee erinnert. Unsere Gastgeber setzten uns mit großer Freundlichkeit eine Fischsuppe vor. Diese Fische hätten sie selber im Ladogasee gefangen. »Fischsuppe«, das war das Stichwort! Die gab es mal im Lager Krasnoje Selo. Ich holte an der Küche meine Portion im Kochgeschirr ab. Als ich aber auf dem Rückweg hineinsah, da blinzelte mir ein Fischauge in der Größe eines Menschenauges immer wieder zu. Es schwamm dicht unter der Oberfläche, tauchte auf und verschwand wieder. Mich packte die Wut, und ich schmiß das Kochgeschirr mitsamt der Suppe an die Wand der Küchenbaracke. Und da stand hinter mir – der deutsche Lagerkommandant, der mich ohnehin »übernatürlich liebte«, und feixte mich an: »So, Behr, hol dir deine Zahnbürste und putz die Sauerei wieder schön ab!« Zu allem Ärger – und dem leeren Magen – mußte ich wohl oder übel saubermachen. Was meine Wut noch gewaltig steigerte! – Die Fischsuppe in Kabona am Ladogasee, schmeckte natürlich vorzüglich, besonders die Fischpiroggen, die dazu gereicht wurden!

Auch der schlimme Winter in Krasnoje Selo ging mal vorüber. Man konnte es kaum erwarten, daß die ersten Gräser aus dem Boden spitzten. Schon bald zeigten sich erste Blümchen, Huflattich und andere. Unser Arbeitsplatz war noch immer an dieser Straße, nur etwas weiter Richtung Leningrad. Inzwischen war ich wieder Brigadier geworden. Der russische »Desjatnik«, Aufseher, war ein netter Mann. Er unterhielt sich gern mit mir und schrieb mir meine Arbeitsberichte nach Wunsch. Nur einmal hatte er einen unguten Tag. Er kam schon mürrisch an, und als ich ihn einiges zum Einsatz fragen wollte, sagte er kurz angebunden: »Mach es doch selber! Du weißt doch Bescheid!« Später saß er am Straßenrand mit dem Kopf zwischen den Fäusten. Eine Zeitlang schlich ich um ihn herum, denn es war zu spüren, daß er niemand hören und sehen wollte. Als ich ihn aber dann doch ansprechen mußte, fletschte er erst mal die Zähne, dann schrie er mich an: »Ihr verfluchten Deutschen! Drei Jahre habt ihr vor Leningrad gelegen! Warum seid ihr nicht reingegangen und habt – die Juden alle aufgehängt!« Da er wohl keine Antwort erwartete, ließ ich ihn sitzen und seine Wut auskochen.

Eine schöne Stunde erlebten wir auf dieser Baustelle: Da kam ein Lkw angefahren, hochbeladen mit irgendwelchem Grünzeug. Hoch obendrauf saßen zwei Frauen und warfen uns mit vollen Händen kleine Büschelchen zu: Leuchtend rote Radieschen! Wie die schmeckten! Ja und manche schnitten noch das Kraut klein und kochten sich daraus einen »Spinat«. Darin hatten sie Übung, denn man hatte schon mit ersten Brennessel-Spitzchen ebensolche Kochkünste erprobt. Wie es schmeckte, war ja nicht so wichtig, es füllte den Magen – und spendete dazu noch Vitamine! Manche entwickelten sich zu hochspezialisierten Nahrungswissenschaftlern.

Einmal hatten wir großes Pech. Da hatte doch ein Kamerad einem Russen, der mit unserer Verpflegung zu tun hatte, verraten, daß wir in Deutschland Brennessel gegessen hätten. Prompt sagte der: »Wenn ihr in Deutschland Brennessel gefressen habt, könnt ihr auch hier Brennesseln fressen!« Er veranlaßte, daß eine Gruppe Dystrophiker riesige Brennesselstauden sammeln mußte. Wahrscheinlich hatte er schon im Hinterkopf kalkuliert, wieviel von unsern Lebensmitteln er dann wieder verschieben könnte. Aber da meuterte die Küche ebenso wie die Lagerleitung. Selbst die Antifa sah hier eine gute Möglichkeit, einmal die »Interessen der Arbeitenden« zu vertreten.

Eine tragische Sache, die sich in diesem Lager zutrug, soll auch nicht vergessen werden: Die Lager-Medizin machte »bedeutende« Fortschritte! Und so wurden eine ganze Reihe Kameraden, vor allem sehr junge, eingestuft als »Dystrophiker«. Das sei allerdings nicht »Unterernährung«, so wurde uns klar gemacht, denn die bekamen doch dieselbe Ernährung wie alle anderen auch – sonst müßten ja alle »Dystrophiker« sein – als ob wir das nicht tatsächlich alle waren! Aber nein, das sei eine Krankheit, die diese Kameraden schon aus Deutschland mitgebracht hätten – mindestens die Veranlagung dazu! Kapiert?!

Diese »Kranken« wurden also nun in eine eigene Brigade zusammengefaßt und zusammen mit einem jungen, ebenso dystrophischen Leutnant – Trautmann aus Heidelberg war wohl sein Name – in den »Kartoffelbunker« geschickt. Dort mußten sie Kartoffeln auslesen und durften den ganzen Tag Kartoffeln abkochen und aufessen – hier verneige man sich gefälligst vor der überaus großmütigen Sowjetunion! Leider wurde dieser Großmut nicht von allen geschätzt – Gelegenheit macht eben Diebe, auch in der Sowjetunion! Nein, nein, nicht die faschistischen Deutschen wurden zu Dieben, sondern die – wahrscheinlich von ihnen angesteckten – russischen Wächter! Zwei Kameraden mußten zwei Säcke mit guten Kartoffeln sich auf die Schultern laden und sie, von den Wächtern begleitet, aus dem Bunker hinaustragen und noch ein Stück weiter. Und da kam unglücklicherweise ein russischer Offizier (es war mit Sicherheit nicht der, für den die Kartoffeln bestimmt waren!). Die Wächter nahmen plötzlich die Gewehre herunter, schrien aus vollem Hals: »Da haben wir die Diebe erwischt!« Die Kameraden verstanden nicht, was da vor sich ging. Gehorsam trugen sie die Säcke wieder in den Bunker zurück. Der Offizier schrie nach dem Brigadier, und als er hörte, der sei ein »Affizerr«, verhaftete er ihn auf der Stelle und ließ ihn ins Lager bringen. Dort saß er einige Tage in Einzelhaft, dann wurde er zum Gericht abgeholt. Uns verkündete man bald darauf, er sei »wegen Diebstahls am sowjetischen Staatsgut« zum Tode verurteilt worden. Von uns hat das niemand geglaubt – besonders weil der Antifa-Mensch uns das verkündete. Der hat doch da genauso gelogen, wie er gelogen hat, früher Kommunist gewesen zu sein. Die beiden Säckeschlepper wurden zu acht Tagen strengem Arrest verurteilt – aber wiederum durch Großmut ... siehe oben!, weil doch »Kranke«, begnadigt!

Und der Leutnant? Den sahen wir nicht wieder. Wir dachten, der wurde eben in ein anderes Lager gebracht, damit man die »Antifa-Botschaft« glauben konnte. Wie soll der zum Tod verurteilt werden, der hatte doch mit der ganzen Sache gar nichts zu tun! So was ist doch nicht mal in der Sowjetunion möglich! Ja, denkste! Er hatte das Pech – wie übrigens auch mein Freund Helmut Wiest aus Konstanz –, daß aus Moskau der »Prikas« (beim Zaren hieß der »Ukas«) gekommen war: soundso viele »Kriegsverbrecher« sind aus den gefangenen Deutschen auszufiltrieren. Die sind alle wegen »Kriegsverbrechen« zum Tode zu verurteilen – und später, wieder auf Prikas, aus Gnad und Barmherzigkeit, nein, Entschuldigung, aus sowjetischer Hochherzigkeit, zu 25 Jahren Haft, »strenger Regie«, zu verurteilen!

Nach meiner Entlassung, Ende 1949, habe ich den Vater des Kameraden Trautmann in Heidelberg und Helmut Wiests Frau Ida in Konstanz aufgesucht. Beide klagten, nach ersten Postkarten von ihren Lieben nichts mehr gehört zu haben. Helmuts Frau verdächtigte mich sogar anfangs, ich wüßte sicher mehr, wollte aber – wie einige vor mir – ihr die ganze Wahrheit nicht sagen. Sie bat mich sogar sehr dringend zu sagen, was wirklich geschehen sei, denn es sei nicht schwerer, die ganze Wahrheit (sie meinte die Todesnachricht) zu ertragen, als die Angst, daß er noch immer leiden müsse! Beide wurden übrigens erst 1954 entlassen – besser: »zurückgeholt«, als Adenauer den Herren im Kreml klar machte, daß man ihm mit diesem Schwindel, von wegen »nur noch Kriegsverbrecher«, nicht kommen dürfe. Er verlangte nach seinem Hut und wollte abreisen. Diese Sprache verstanden die Herren, denn sie wollten von ihm etwas haben – eine sowjetische Botschaft in Bonn! So kamen zigtausende Kameraden heim, die nur auf Prikas Kriegsverbrecher geworden waren. Beide aber waren tatsächlich zum Tod verurteilt worden und dann als »Begnadigung« für 25 Jahre ins Kettenlager Workuta geschleppt worden. – Helmut sah bei seiner Heimkehr dann seine neunjährige Tochter zum ersten Mal. Der Heidelberger Kamerad konnte noch sein Forststudium vollenden, starb aber wenige Jahre nach seiner Hochzeit.

Irgendwann, im April oder Mai 1947, wurden wir dann wieder verladen. Nein, von diesem Krasnoje Selo fiel uns der Abschied nicht schwer! – Ganz im Gegensatz zu heute, wo mich meine neuen Freunde und Freundinnen dort gar nicht mehr loslassen wollen (wie meine 92 Jahre alte Freundin Maria Chlebowa in Krasnoje Selo. Ich selbst kann beim Abschied die Tränen kaum unterdrücken).

Die Fahrt ging in Richtung Leningrad. Man konnte einigermaßen erkennen, wie weit die Front damals bis an diese Stadt herangerückt war. Danach aber ging es noch endlos lang, bis die eigentliche Stadt begann – und uns hatte die »Wochenschau« vorgeschwindelt, Leningrad sei zum Greifen nahe gewesen. – Aber wehe uns, wenn man uns in diese Stadt brachte, die doch 900 Tage belagert worden war und schreckliche Not erduldet haben mußte. Aber nein, es ging quer durch die Stadt hindurch, sogar über die Newa hinweg weiter in Richtung Norden. Vor einem Fabrikgelände wurden wir abgeladen und standen – vor einem Lagertor.

Kapitel 7

Sestrorezk

Mehrstöckige Fabrikhallen, der übliche Stacheldraht, dahinter aber nur ein sehr schmaler Hofraum, der sich wohl kaum als »Appellplatz« eignete. Die übliche Wachtiorenbude, in der lang und laut verhandelt wurde. Im Lager laufen einzelne Gefangene gemütlich hin und her, die kümmern sich nicht um uns und sind für unsere Neugierde unerreichbar. Nach dem üblichen Abzähl-Zeremoniell wird das Lagertor geöffnet. Keine Baracken, dafür große Fabrikräume, schon vorbereitet mit mehrstöckigen Schlafgelegenheiten. Das Offiziersquartier ist ein recht freundlicher Raum. Zweistöckige Betten mit ungewohnt breiten Zwischenräumen. Sogar ein Tisch mit einigen Bänken – die aber kaum für alle Sitzgelegenheit bieten würden.

Aus meinem Tagebuch: »Schon in den ersten Stunden atmeten wir erleichtert auf. Ein festes Steinhaus, kein Schlamm mehr vor der Türe, ein Essen, wie wir es in der Gefangenschaft nicht erwartet hätten. Und vor allem der kameradschaftliche Ton – das alles ließ uns wieder aufleben. Auf der Arbeit hörte man nicht mehr den ganzen Tag: »Dawei, dawei!« Man behandelte uns wieder als Menschen, und ganz langsam kam es einem wieder zum Bewußtsein, daß man ja doch eigentlich auch zu dieser Sorte von Lebewesen gehörte!«

Einige Betten waren offensichtlich schon belegt. Die Inhaber kamen bald von der Arbeit zurück – und da ging die Fragerei natürlich los. Ja, die Offiziere müssen auch arbeiten, die meisten auf einer Straßenbaubrigade. Die Arbeit sei nicht sehr schwer, eigentlich nur »Spielen mit Sand«. Als Bettnachbar bekam ich einen Ungarndeutschen, einen jungen Leutnant, Karl Vodasz, mit dem ich mich sofort und immer sehr gut verstand. Er war vom Lager Rakwere in Estland hierher gebracht worden

– ebenso Hermann Kober, auf der anderen Seite des Ganges, mit dem mich von da an eine großartige Freundschaft verband. Er war aus Würzburg, und schon am ersten Abend stellten wir fest, wir waren beide bei unserer Einberufung zur Wehrmacht in Bad Mergentheim in derselben Kompanie gewesen, hatten zwar gemeinsame Freunde, haben uns aber dort nie kennen gelernt. Hermann ließ sich dort als ROB (Reserve-Offiziers-Bewerber) einschreiben – ich weigerte mich und wurde deshalb schon nach wenigen Wochen »verschoben«. Angedroht hatte man mir, ich würde sofort nach Rußland verschickt, aber der Transport ging nach Westen, nach Vienne, südlich von Lyon in Frankreich. Und hier im Gefangenenlager führten unsere so unterschiedlichen Wege uns wieder zusammen.

Mein Vorsatz war nun, in einer Landserbrigade unterzutauchen und als »Tschelowek« einfach und schlicht meine Arbeit zu tun. Doch wie sollte man das auch fertigbringen, wenn der Brigadier zwar ein herzensguter Kerl war, aber auch nicht das geringste Organisationstalent besaß, dazu natürlich auch kein Wort Russisch konnte. Er war zum Erbarmen hilflos, selbst vor den einfachsten Problemen. Ich mußte mich halt wieder regen und wenigstens dafür sorgen, daß wir am Abend eine Maschine zur Heimfahrt bekamen.

Bald aber wurde ich einer Offiziersbrigade zugeteilt – auf dem Straßenbau! Der Brigadier war ein etwas älterer Oberleutnant namens Mader. Draußen angekommen, erläuterte er uns unsere Aufgabe: Über diese Straße führen am Abend viele Prominente, »Großkopfete«, und für die mußten tagsüber nicht nur die Schlaglöcher ausgefüllt werden, es mußte auch der Sand am Straßenrand mit der Schaufel glatt gestrichen werden. Die Kanten mußten mit einer Schnur vorgezeichnet und dann genau ausgerichtet werden. Unser »Desjatnik«, Aufseher, Juri, war ein sehr angenehmer Mann, aber er hatte große Angst, von dieser Sowjetprominenz könnte Kritik an seiner Arbeit geübt werden, denn dann ginge es ihm schlecht. Später erfuhren wir, daß er für irgend etwas eine Bewährungsstrafe aufgebrummt bekommen hatte. Und als ich noch besser mit ihm bekannt wurde, gestand er mir unter dem Siegel der Verschwiegenheit, daß er als Kriegsgefangener in Deutschland war – und deshalb (ein richtiger Soldat der Roten Armee läßt sich nicht gefangennehmen!) wegen »Kollaboration mit dem Feind« verdonnert worden war.

Hier lernte ich also schon ein Stück Sowjet-Alltag kennen, den einfachen kleinen »Tschelowek«, dem das Regime im Nakken saß, der darum spurte und bei Bedarf, wenn Prominenz vorbeifuhr, ehrfurchtsvoll grüßte. Eine gewisse Ahnung aber erhielt ich auch vom Leben der großen Partei-Bonzen. Die fuhren jeden Abend, manche schon am Nachmittag, mit großen Limousinen über unsere Straße zu ihrer »Datscha« am finnischen Meerbusen. Aber natürlich waren das nicht ihre Privatwagen und auch nicht ihre Privat-Datschen! So etwas gibt es ja in der Sowjetunion nicht! Nein, nein, diese Prachtkaleschen wie die Datschen gehörten dem Staat, und der stellte sie ihnen zur Verfügung – mitsamt dem Chauffeur! So sehr schätzte und ehrte die Sowjetunion die Parteiarbeit dieser hohen Persönlichkeiten! Und eben darum mußten täglich die immer neuen Schlaglöcher in dieser Sandstraße schön aufgefüllt und mit der Schaufel geglättet werden. Der kleine Juri aber mußte dankbar sein, daß man ihm nach so einem Verbrechen noch einen solchen Vertrauenserweis zugestand!

So wie er versuchte, seinen Vorgesetzten gerecht zu werden, so war er auch bemüht, uns das Leben nicht schwer zu machen. Als ich ihn bat, uns täglich zu bescheinigen, daß wir über 100 % gearbeitet hatten, tat er das sofort. Er brauchte da auch keine Sorge zu haben, daß unsere Arbeit nachkontrolliert werden könnte. Denn oft trieb am Abend einer seine Kuhherde über diese Straße, dann sah sie genau so aus wie am Morgen. Juri schimpfte mit dem Kuhhirten nur, wenn der schon früher als die Prominenten kam. Denn deren Schönheit gewohnten Augen könnten sich an dieser Unordnung stören – und der Sündenbock wäre dann natürlich Juri. Da er uns genauso bereitwillig 126 % Arbeitsleistung bescheinigte, nahmen wir auch das dankbar an. – Im Lager war das Gerücht umgegangen, bei

126 % würde es sogar Rubel geben. Wir waren aber schon sehr zufrieden, daß wir wenigstens alle paar Tage mal Zusatzbrot bekamen – das waren dann jeweils 200 Gramm. Wir waren auch froh, daß es in diesem Lager fast immer die Offiziers-Zusatzverpflegung gab. Das war ein Löffel Zucker, 20 Gramm »Maslo«, Butter oder Schmalz, und Zigaretten!

Auf dieser Baustelle wurde – was sonst nie geschah – eine einfache russische Frau unserer Brigade als Mitarbeiterin zugewiesen. Wir schätzten ihr Alter auf über 60, sie war aber erst Mitte 40. Sie gab jeden Morgen einem von uns ein Stück Brot. Das nahmen wir natürlich gern an. Aber wie groß war unser Erstaunen, als sie uns sagte, sie bekäme nur 400 Gramm Brot täglich – wo wir Gefangenen doch 600 Gramm bekamen! Als sie mir dann noch sagte, ihre beiden Söhne seien am ersten Tag des Krieges eingezogen worden und sie habe nie mehr von ihnen eine Nachricht erhalten, da konnte ich nur erschüttert fragen: »Und da teilen Sie mit uns Ihr karges Brot?« »Ach wissen Sie, meine Söhne sind genausowenig gern wie Sie Soldat geworden. Und ich denke mir halt, wenn ich gut bin zu euch, findet sich vielleicht irgendwo eine Mutter, die gut ist zu meinen Söhnen!«

Noch heute verneige ich mich in Ehrfurcht vor dieser Frau. – Als sich mir nach mehr als einem halben Jahrhundert die Gelegenheit bot, humanitäre Hilfe nach Rußland zu bringen, nannte ich diese Aktion – im Gedenken an jene großartige Frau – »Spasibo matuschka«, »Danke, Mütterchen!« Leider habe ich sie selbst nie finden können. In meinem Brief in der Leningrader »Prawda« (am 12. Februar 1992) habe ich dieses Erlebnis geschildert. Es meldeten sich zwar sehr viele Frauen, die auch mit deutschen Kriegsgefangenen zusammenkamen, aber die Gesuchte fand ich nicht.

Was gibt es doch unter den Russen für wunderbare Menschen – wenn man sie erst mal näher kennen lernt. Unsere Brigade wurde einmal weiter nördlich an dieser Straße eingesetzt. Und am Abend hat man vergessen, uns abzuholen. Wenn der Hunger nicht gewesen wäre, hätten wir das als schönes Geschenk empfunden. Immerhin war unsere Arbeitsstelle nah am Ufer des finnischen Meerbusens – »Riwiera« nennen ihn die Russen. Als aber Stunden vergingen und der Wagen immer noch nicht kam, sammelten wir uns im Wald Holz und machten kleine Feuer an. Zufällig war an diesem Tag auch der Straßenbau-Ingenieur, den wir sonst selten mal sahen, bei uns. Wir redeten über dies und das, bis einer vorschlug, es sollte doch jeder mal sein größtes Kriegserlebnis erzählen. Vielleicht würde das unserem Ingenieur, von dem wir schon wußten, daß er »nur« Pionierleutnant war, mal so richtig zeigen, mit was für Helden er es da zu tun hatte. Und wir erzählten alle unsere Heldentaten – ich auch, wofür ich mich nachher schämte! Schließlich forderte man unseren russischen Gast auf – ob er wohl auch etwas im Krieg erlebt hätte? Er ließ sich lange Zeit, und dann begann er bedächtig zu erzählen – er sprach sogar recht gut deutsch:

»Meine Kompanie lag schon zwei Wochen in einem kleinen schlesischen Dorf mitten im Wald. Die Häuser waren alle so zerschossen, daß wir in unseren Zelten wohnten. Da kommt auf einmal ein kleiner Junge angelaufen – er mag drei Jahre alt gewesen sein –, weinte und sagte »Hunger«, und »Mama auch Hunger!« Wir ließen uns zur Mama führen. Die hatte sich in einem Kellerloch versteckt – mit noch einem kleinen Mädchen. Sie hatte fürchterlich Angst, und erst als ich ihr zuredete, doch mit uns zu kommen, ging sie zaghaft mit. Sofort besorgten die Kameraden Milch und was man nur Gutes auftreiben konnte, wobei unser Sanitäter streng darüber wachte, daß man ihnen nicht zu viel auf einmal gab. Alle aber bemühten sich nun, eine einigermaßen gute Wohnung in einem der zerschossenen Häuser für die drei herzurichten. Man schleppte Hausrat herbei und alles, was die drei brauchen konnten. Jeder wollte die Kinder mal auf den Arm nehmen – und jeder versicherte, daheim genau so einen Buben, so ein Mädchen zu haben. Und für Verpflegung fühlte sich die ganze Kompanie zuständig. Aber leider mußten wir nach einer Woche zusammenpacken und weiterziehen. Ich nahm den kleinen Jungen nochmals auf den Arm, und als der mich dann streichelte und sagte: »Onkel Iwan, du bist lieb!«, da kamen mir die Tränen – und das war mein größtes Erlebnis im Krieg!« Es war so still geworden, daß wir die Wellen rauschen hören konnten; und wir »Helden« waren alle sehr, sehr klein geworden!

Etwa zweieinhalb Monate arbeiteten wir auf diesem Straßenabschnitt an der »Riwiera«. Die leichte Arbeit, die Bewegung an der frischen Luft, vor allem aber nach der Arbeit die Gelegenheit zu einem kühlen Bad im seichten finnischen Meerbusen – das alles zusammen war schon fast Erholung in der Sommerfrische.

Sehr lange war ich allerdings nicht bei dieser Brigade. Eines Tages wurde ein »Pisar«, ein Schreiber, gesucht, und da habe ich mich natürlich sofort gemeldet. Von da an war mein Arbeitsplatz im »roten Haus«, etwa 100 Meter gegenüber dem Lagertor. In der Personalabteilung des Lagerstabes hatte ich nun zu schreiben, Listen zu führen und überhaupt eine Arbeit zu machen, von der ich nicht recht wußte, ob ich die nötigen Kenntnisse mitbrachte. Aber mein anfängliches Herzklopfen legte sich bald, als ich die Wahrheit des so oft gehörten Wortes auch an mir erfuhr: »Du brauchst in Rußland nur zu sagen: »Klar, das kann ich!« – und schon bist du Spezialist!« Der besondere Vorteil bei dieser Arbeit war, daß ich sehr viel Freizeit hatte, die ich bis zur letzten Minute zum Studium alles Greifbaren benutzte. In diesem Lager war mal vor einiger Zeit eine deutsche Privatbibliothek buchstäblich von einem Lastwagen »abgekippt« worden. Ein Antifa-Liebling durfte damit eine Lagerbibliothek aufbauen. Der verstand zwar von Büchern so viel wie ein Ochse von einer Apotheke, aber er »ordnete« die Bücher – und zwar der Größe nach! Immerhin konnte man sich bei ihm ausleihen, was man haben wollte. Er führte nur sehr genau Buch darüber. Da waren neben Tolstoi und Dostojewski natürlich auch Marx und Engels, deutsche Klassiker, Goethe, Schiller, aber auch Bücher wie Thomas von Kempen: Nachfolge Christi; Gertrud von Le Fort: Hymnen an die Kirche; Augustinus: Bekenntnisse und ähnliches.

Diese angenehme Beschäftigung dauerte allerdings nur etwa vier Wochen. Typisch war meine »Verabschiedung« aus diesem Dienst. Vormittags 11 Uhr: »Sie können jetzt ins Lager gehen!« Ich stand auf, griff zur Mütze: »Heute nachmittag brauchen Sie nicht zu kommen!« Auf dem Weg zur Türe: »Morgen brauchen Sie auch nicht zu kommen!« Im Begriff, die Türe von außen zu schließen: »Sie brauchen überhaupt nicht mehr zu kommen!« – Nun, man kann sich doch auch so verabschieden!

Aber es ging gar nicht lange, da wurde ich wieder ins »rote Haus« gerufen – diesmal in die Lohnverrechnungsabteilung. Meine Chefin war von da an Galina, eine junge Frau, die sich aber sehr als Vorgesetzte aufführte. Mich störte das nicht, denn die Arbeit am Schreibtisch war doch angenehmer sogar als draußen das »Sandspielen«. So ein bißchen gehörte ich von da an auch zum »Lageradel«! Das hieß aber nur, daß wir bei den Zählappellen einen eigenen »Kasten« bildeten: den Lagerdienst.

Meine Arbeit war anfangs einfach – um nicht zu sagen primitiv. Ich mußte Zahlenreihen zusammenzählen, von denen ich oft nicht wußte, was sie zu bedeuten hatten. Galina hat mir das bewußt vorenthalten, wohl um mir immer wieder zu zeigen, daß ich eben nur ein kleiner »Pisar« war. Da mußten Statistiken gemacht werden, wieviele Gefangene an den einzelnen Tagen zur Arbeit gingen, wieviele krank gemeldet waren – in Prozenten! Die durchschnittliche Arbeitsleistung der einzelnen Brigaden (es wurden von fast allen Aufsehern nur die Prozentzahlen angegeben). Da konnte man wunderbar Statistiken machen und die auch noch graphisch darstellen. Diese »Fieberkurven«, wie sie im Lager genannt wurden, zeigten dann an einer großen Wandzeitung, welche Brigade die beste, welche die schlechteste war. Dabei blieben doch noch viele unter 100 %. Entweder hatten die keine so großzügigen Desjatniks, oder es war eben niemand da, der sich mit ihnen verständigen konnte.

Mit lauten Propaganda-Tönen wurde dann immer beim Abendappell verkündet, welche Brigaden gute Arbeit geleistet hätten und welche »die Norm nicht erfüllt« hatten. Es war sehr »publikumswirksam«, daß dann auch verkündet wurde, »und die guten Arbeiter erhalten Zusatzverpflegung!« Als dann der Politoffizier mehrmals versprach, die über 126% Normerfüllung schafften, bekämen sogar Rubel ausbezahlt, wagte ich mich – nicht ohne gewisse Befürchtungen – an ihn heran und sagte ihm, meine Brigade habe monatelang 126% geschafft, aber Rubel hätten wir nie zu sehen bekommen. – Darum werde er sich kümmern, denn »in der Sowjetunion bekommt jeder Arbeiter den ihm zustehenden Lohn für seine Arbeitsleistung!« – (Viele Gefangene wußten damals nicht – und wissen es bis zum heutigen Tag nicht –, daß die Gefangenen nach denselben »Tarifen« abgerechnet wurden, wie auch die russischen Arbeiter! Aber diesen Arbeitslohn sackte die Lagerleitung ein – wenn genügend versierte Leute sich darum kümmerten. Daß aber auch die Gefangenen selbst noch etwas abbekamen, war wohl die große Ausnahme! Da mußte sich schon jemand sehr energisch dafür einsetzen – und warum sollten Russen das tun? Deutsche aber kannten sich zu wenig aus – wo doch kaum einer die Sprache in dem Maße beherrschte, wie es für eine solche Auseinandersetzung nötig war!)

Mir war aus verschiedenen Gründen nicht ganz wohl bei der Sache: Wie würde es Galina auffassen, wenn der Blaue seine Nase gar zu sehr in unsere Abteilung stecken würde – vor allem, wenn sie erführe, daß ich der Veranlasser war? Außerdem, würde nicht unser gutmütiger Juri Schwierigkeiten bekommen, wenn festgestellt wurde, daß er gar zu großzügig mit seinen Arbeitsberichten umging?

Die Angelegenheit nahm aber einen überraschend günstigen Verlauf: Der Blaue tat so, als wüßte er nur aus der Wandzeitung, daß da Brigaden über 126% Leistung erbracht hatten. Schließlich kann er als Polit-Offizier sich ja nicht von einem Kriegsgefangenen belehren lassen! Er ließ sich also die »Hochleistungsbrigaden« vorlegen – es waren nicht allzu viele außer uns! Warum die keine Rubel bekämen? Galina: »Prikas njet!«, kein Auftrag! Aber jetzt habe sie diesen »Prikas«! Mir erklärte Galina, daß jetzt eine Menge Arbeit auf uns zukommen würde. Ich mußte also die abgelegten »Narjaden«, Arbeitsberichte, wieder herausfischen, errechnen, wieviel Rubel hat jeder verdient bei 126 % Arbeitsleistung – und da kamen gewaltige Summen heraus! Als Galina meine Freude darüber bemerkte, goß sie Essig in diesen »Wein der Freude«: Da müssen bei jedem erst mal 456 Rubel abgezogen werden für »Kost, Logis, Bekleidung, sichere Bewachung (vor wem wohl? Na, vor dem Volkszorn! Schließlich waren wir doch Feinde – und Faschisten noch dazu!) und so weiter.« Damit fiel natürlich ein kalter Reif in meine Blütenträume! Denn inzwischen wußte ich schon, der normale russische »Schwarzarbeiter«, das heißt ungelernte Arbeiter, verdiente kaum 300 Rubel! Und dann zeigte sich auch, daß über diese 456 Rubel nur wenige hinauskamen, wer mal einige Tage krank war, hatte sowieso keine Aussicht!

Es sei denn – ja, es sei denn, die Gesamtsumme wurde unter weniger Arbeiter aufgeteilt! Das müßte doch möglich sein, denn die Listen der täglichen Arbeiter lagen gebündelt in einem anderen Fach. Aber die waren da, und die waren alle vom »Lagerschreiber« zusammengestellt. Alle trugen seine Handschrift. Die müßte man also ersetzen durch neue (gefälschte) Listen. Zwar würde ja kaum noch jemand nach diesen alten Schinken greifen, aber zur Sicherheit sollten die dann doch auch einer Prüfung standhalten können. In meinem Hinterkopf arbeitete es mordsmäßig, denn mit 10 Rubel konnte man sich ein ganzes russisches Brot kaufen! Und zu dieser Zeit war immer noch einer der am meisten geträumten Träume, man hielt einen Laib Brot im Arm und konnte sich ein großes Stück runterschneiden!

Ich fing also an zu rechnen: Wir hatten nur dann Aussicht auf »rollende Rubel«, wenn dieselbe verdiente Summe auf nur die Hälfte der Arbeiter verteilt wurde. Die kamen dann schon auf über 456 Rubel. Für die anderen mußte die Lagerleitung für Kost und Logis aufkommen. Nun ja, die Sache lag ja schon monatelang zurück, also hatte das die Lagerleitung wohl schon verkraftet. Dann könnten so etwa 50 bis 70 Rubel herauskommen – allerdings mußte dann noch mit den angeblich Kranken geteilt werden, sonst halten die doch den Mund nicht und beschweren sich, daß sie doch auch gearbeitet hätten – Ende vom Lied: Der Schwindel flöge auf – und ich könnte mich auf Sibirien vorbereiten!

Es mußte also erst mal der Lagerschreiber gewonnen werden für die nötigen Fälschungen! Ich fragte ihn also mal so ganz nebenbei: »Möchtest du dir 100 Rubel verdienen? – Näheres mal bei Gelegenheit!« Das arbeitete natürlich in seinem Hinterkopf. Als ich ihm aber nach einigen Tagen sagte, was er tun müsse, hat er klar und deutlich abgelehnt. Nein, so setzt er seinen guten Posten nicht aufs Spiel! Na, das mußt du selbst wissen: hundert Rubel haben – oder nicht haben! – Inzwischen informierte ich meine Arbeitskollegen: Ich kann nur dann etwas für euch herausholen, wenn ihr sehr diszipliniert seid und vor allem den Mund haltet! Brigadier Mader informierte ich genauer, weil ich wußte, daß ich ihm vertrauen konnte – und daß er für Disziplin sorgen würde. Dem Lagerschreiber ließ das, wie erwartet, natürlich keine Ruhe. Als ich ihm dann erklärte, ich würde die gefälschten Listen selbst ins rote Haus mitnehmen und dort mit den richtigen austauschen, ließ sein Widerstand – oder seine Angst – langsam nach. Zufälligerweise hatte er mal im roten Haus zu tun, und ich konnte ihm zeigen, wie fest verschnürt die alten Listen da versorgt waren, da entschloß er sich doch mitzuspielen.

Die ganze Rechnerei mußte nun natürlich unter der Nase von Galina durchgeführt werden. Vorsichtshalber habe ich sie in nebensächlichen Dingen sehr häufig gefragt, bis sie ungeduldig wurde und mich schalt, das müßte ich doch inzwischen selbst wissen. – So rechnete ich also die Geschichte zu Ende und wartete, was nun kommen würde! Es vergingen einige Wochen – in denen ich sehr schlecht geschlafen habe! Wenn nachts jemand lief – und es liefen viele in der Nacht auf den Donnerbalken am Rande des Hofes oder kamen von dort – jedesmal schrak ich zusammen: Jetzt holen sie dich!

Aber es ging alles gut! Letztendlich hatte jeder – nach vollzogenem Ausgleich – seine 70 Rubel. Und der Lagerschreiber bekam auch seinen Teil. Nur versicherte mir der, so etwas würde er nicht zum zweiten Mal machen! Damit war der Anfang meiner »Lohnverrechnungs-Kunst« gemacht! Wie sich das aber noch entwickeln würde, ahnte ich damals nicht. Immerhin hatte es mal Rubel gegeben! – Später in der Heimat traf ich viele Schicksalsgenossen, die in russischer Gefangenschaft nie einen Rubel auch nur zu sehen bekommen haben!

Mir war aber auch klar, so geht das auf Dauer nicht. Zumal ich aus Gesprächen auf dem Büro mitbekam, die Lagerleitung war dahintergekommen – bin nicht sicher, ob gerade wegen dieser Affäre –, daß sie eigentlich von der Straßenbau-Verwaltung DSU (Doroschno Stroitelnoje Uprawlenie) viel zu wenig Geld bekam für ihre »Arbeiter«. Die »Natschalniks« (Chefs) der Firma DSU fluchten und wetterten, sie gäben für jeden Gefangenen die Pauschale wie für einen »Tschornij Rabotschik«, das Lager aber verlange nicht nur den über 100 % erarbeiteten Lohn, sondern auch noch die Zusätze für Brigadiere und gelernte Arbeiter. Und überhaupt müßten künftig die Arbeiten genau beschrieben und nach den in Rußland gültigen Normbüchern abgerechnet werden! Galina stöhnte – und ich fühlte eine Lawine auf uns zukommen.

Einige von unseren Spezialisten-Brigaden arbeiteten zu dieser Zeit schon unter der Leitung einer Oberleutnantin Alexewa. Sie holte jeden Morgen »ihre« Brigaden ab und fuhr mit ihnen nach Kuokalo. Die bauten dort eine Asphalt-Beton-Fabrik. Die Abrechnungen dort machte ein deutscher Gefangener aus Estland namens Perly. Diese Abrechnungen landeten zwar auch auf unserem Lohnbüro, wurden aber behandelt wie »GeKaDoS«, geheime Kommando-Sachen. Gerade deshalb interessierten sie mich natürlich schon sehr. Aber ich konnte nur mal reinspitzen, wenn Galina gerade nicht da war. Da waren gewaltige Listen von Arbeitsbeschreibungen mit Angaben der Paragraphen in den Normbüchern, Grundnormen, tatsächliche Arbeitsleistungen, errechnete Prozentzahlen und verdiente Lohnsummen. Vorläufig für mich ein Buch mit sieben Siegeln! An manchen Abendappellen wurde dann ein gefangener deutscher Ingenieur Einighammer von der »Arbeitsministerin« Alexewa zusammen mit einem halben Dutzend »Spezialisten« über den grünen Klee gelobt für ihre hervorragenden Arbeitsleistungen. Die bekamen dann nicht nur Zusatzverpflegung, sondern sogar Rubel. Das machte mir die Sache natürlich besonders interessant. Freilich, es waren nur wenige aus diesen Arbeitsbrigaden, die zu solchen Auszeichnungen kamen. Und, wie ich herausfand, hat sich die Alexewa persönlich sehr für die Bezahlung »ihrer« Spezialisten eingesetzt. – Sehr zum Ärger von Galina!

Von Alexewas Sondertruppe verlautete aber bald, es würde demnächst ein neues Asphalt-Beton-Werk in Lissij Nos gebaut, und das hätte unsere Lagerbesatzung zu bauen. Außerdem würde dort auch noch ein neues Lager aufgebaut werden. Manche Brigaden wurden jetzt schon dorthin »gekarrt«, um Vorarbeiten zu leisten. Von denen kamen aber keine Arbeitsberichte bei uns an. Die wurden angeblich in Lissij Nos verrechnet.

Ende Juli wurde auch ich diesem Kommando zugeteilt und bekam ein eigenes Büro in einem Privathaus, direkt neben der neuen Baustelle.

Das war eine völlig neue Situation: Die Besitzerin (wenn man so sagen durfte, denn in der Sowjetunion gab es doch eigentlich gar keine »Hausbesitzer« – aber »sehr eigentlich«! zwar war, wie wir schon in »Zirkeln für dialektischen Materialismus« gelernt hatten, ein Grunddogma, »Eigentum ist Diebstahl«, aber das mußte eben auch »dialektisch« verstanden werden!). Jedenfalls war die »Chosaika« (Haushalts-Vorständin) eine junge und überaus schöne Frau! Sie zeigte sich oft auch meinen Kameraden und genoß es offensichtlich, daß die ihre Blicke kaum von ihr abziehen konnten!

Ja, sie war wirklich eine »rassige Schönheit«, das merkte auch mein neuer Büro-Chef Kabanow. Der hatte zwar »seinen« Schreibtisch mir gegenüber, aber den schonte er, denn er hatte nur Augen für Galina! Die aber mochte ihn offensichtlich gar nicht und verbot ihm strengstens, andere Räume ihres Hauses zu betreten. Da flog er mehrmals raus! Dann schmeckte ihm auch die Büro-Arbeit nicht, und deshalb überließ er diese Aufgabe völlig mir, seinem Untergebenen.

Mir gegenüber war Galina korrekt, sachlich, nicht gerade abweisend, aber sehr auf Abstand bedacht. Meine Kameraden beneideten mich zwar alle, daß ich tagtäglich in dieses Haus der »schönen Frau« gehen durfte, aber für uns beide war das nicht einmal eine Versuchung. Später erfuhr ich, daß für ihre beiden Kinder hohe Offiziere, darunter ein General und ein Admiral, Alimente zahlten. Und zwar nicht wie bei uns in einer staatlich festgesetzten Höhe, sondern – man verneige sich wieder vor der allfürsorglichen Sowjetunion! – jeder zahlte einen bestimmten Prozentsatz seines Gehalts! – Also da hatte ja so ein abgerissener kleiner Woina Plenni, auch wenn er ein blutjunger Leutnant war, keine Chance.

Immerhin, als Galina im Februar 1992 in der »Prawda« las, daß da ein ehemaliger gefangener junger Leutnant nun zurückkam, um sich zu bedanken für die Hilfe, die er, vor allem aber seine Kameraden, damals erhalten hatten, da bestürmte Galina die in Lissij Nos aufgewachsene Ludmilla Krippendorf: »Das muß der sein, der in meinem Hause sein Büro hatte!« Tatsächlich war Galina die einzige, die ich wiederfand aus der großen Schar derer, die ich damals kannte. Beim ersten Treffen war ich allerdings etwas schockiert: War das die »rassige Schönheit« von damals?

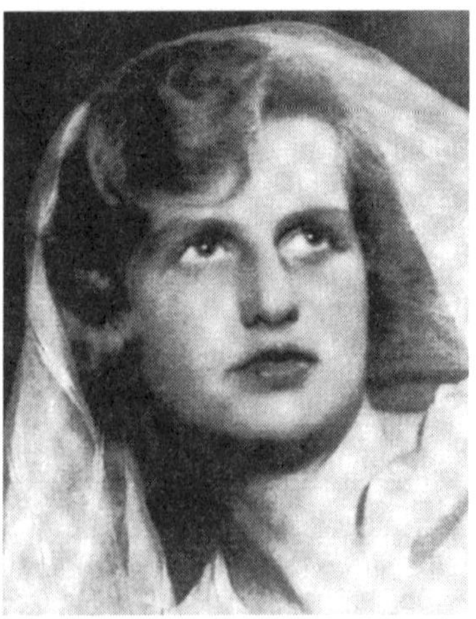

Die schöne Galina – vor 50 Jahren

Aber blitzschnell wurde mir klar, daß sich meine eigene »Schönheit« von damals natürlich auch »gewandelt« hatte. Eine ihrer beiden Töchter habe ich inzwischen auch kennengelernt, sie ist natürlich auch schon über 50, aber doch noch der Mutter von damals sehr ähnlich. – Bei diesen Treffen waren noch mehrere meiner Mitbesucher dabei. Da merkte ich doch, wie die tuschelten und anscheinend ausrechneten, ob sie nicht vielleicht meine Tochter sein könnte! Mein Freund Boris Passikow meinte: »Jedenfalls hast du eine tolle Gelegenheit verpaßt!«

Doch wieder ein halbes Jahrhundert zurück! Da wurde also nun eine Asphalt-Beton-Fabrik gebaut – mit fast ausschließlich deutschen »Spezialisten«. Hier trat auch Willi Albrecht in Aktion als Fachmann und Bauleiter. Noch heute verbindet uns eine feste Freundschaft – und natürlich viele Erinnerungen. Willi war tatsächlich ein Naturtalent, denn wirklich gelernt hatte er den Bauberuf auch nicht. Aber er war Hauptfeldwebel, also »Spieß« in seiner Feldeinheit gewesen, und von daher war er Einteilung, Verantwortung, aber auch die klare Linie gewohnt.

Ich hatte ja nun schon Einblick gehabt in die Abrechnungen beim Bau dieser Fabrik in Kuokala, das kam mir sehr zu Hilfe. Und mein »Chef« Kabanow führte mich in die Geheimnisse des sowjetischen Normsystems bestens ein – schon um sich selber von der Arbeit drücken zu können. – Nach wenigen Wochen bekamen wir auch ein neues und größeres Büro in einem anderen Haus. Und im Nebenzimmer arbeitete Anja – da hatte Kabanow bessere Chancen – und die nutzte er weidlich aus! Zugleich aber gab er mir auch wertvolle Tips, wie ich die einzelnen Brigaden zu guten Ergebnissen »verrechnen« konnte. Dabei sorgte Willi dafür, daß die benötigten Arbeitsberichte mit dem entsprechenden Zahlenmaterial pünktlich auf meinem Büro waren. Wir konnten so für die meisten Brigaden nicht nur Zusatzverpflegung,

Galina beim Wiedersehen

sondern vielfach sogar Rubel-Auszahlungen bewirken. Das wirkte sich natürlich auch auf die Arbeitsleistung gut aus, und so waren auch die Verantwortlichen der Firma wie des Lagers mit uns recht zufrieden. Willi setzte auch durch, daß Brigaden, die eine schlechter bezahlte Arbeit hatten, gelegentlich ausgetauscht wurden. Da dürfte schon manchmal ein kräftiges Wort des »Spießes« erforderlich gewesen sein. Jedenfalls, Willi schaffte das!

So wuchs unsere Fabrik mächtig empor, und bald zeigte sich, daß wir sogar den Plan »übererfüllen« konnten. Das kam dann groß in der Prawda! Und alle waren stolz darauf! Daß wir dann allerdings noch wochenlang nachbessern, ausbessern, stabilisieren mußten, das stand nicht mehr in der Prawda – und die eingeheimsten Prämien waren ja ohnehin längst verspeist bzw. vertrunken! Schließlich aber fing unsere Fabrik doch an, Asphalt zu produzieren. Und nun entwickelte sich der Brigadier Mader mit seiner Offiziersbrigade zu absoluten Spezialisten im Asphaltieren der Straßen!

Mein Chef Kabanow führte mich nicht nur in die neuen Normbücher für Straßenbau sehr umfassend ein, er zeigte mir auch die Möglichkeiten auf, wie man die Brigaden »geschickt« auf die richtigen Prozentzahlen bringen konnte. Da gab es die Möglichkeit, den Straßen-Untergrund nachzubessern unter Berücksichtigung der Bodenqualität. Das schaffte zusätzliche Prozente. Wenn aber das noch nicht reichte, konnte es ja sein, daß für den Verkehr Umgehungsstraßen gebaut werden mußten. Nein, was wir da an Umgehungsstraßen gebaut haben! Gelegentlich wurde das Kabanow doch ein wenig zu viel: »Die Umgehungsstraßen müßten schon bald in Leningrad angekommen sein!« Aber er verlangte dann nicht einfach zu streichen, sondern er zeigte mir andere Möglichkeiten. Schließlich war es ja auch für ihn von Vorteil, daß die Arbeit so gut lief, daß Arbeitgeber wie Arbeitnehmer zufrieden waren – und nicht selten hat er dafür großes Lob eingesteckt. Warum auch nicht? Das war doch guter »Lastenausgleich«: Er kassierte das Lob und wir die Rubel!

Eine schöne Sonntagsüberraschung besorgte mir einmal mein Kamerad Karl Vodasch: »Hättest du Interesse an einem Braten zum Sonntag?« »Dumme Frage – aber nicht von einem ›Dachhasen‹ (Katze)!« »Nein, du weißt doch, der Mann am Bahnübergang hat immer eine Ziege angebunden. Die soll ich ihm schlachten, und davon bekommen wir dann ein Stück, das reicht für dich, Hermann und mich!« Na ja, grad versessen war ich nicht auf Ziegenfleisch, aber warum eigentlich nicht? »Gut, aber Ehrenwort: keine Katze?« »Nein, ihr müßt jetzt nur einige Tage die Fettportion mir zur Verfügung stellen!«

Der Sonntag kam, und Karl betrat unseren Raum mit drei Kochgeschirrdeckeln. Die ganze Besatzung stand Spalier und wedelte sich den Bratenduft in die Nase. Zum Braten hatte Karl noch echt scharf gewürzte ungarische Soße bereitet – es fehlten nur noch die Bratkartoffeln. Aber auch Brot schmeckte wundervoll dazu. Ich versichere ehrenwörtlich: In meinem ganzen Leben habe ich nie einen so fabelhaften Braten gegessen, weder vorher noch nachher!

Etwa vier Wochen später, nach dem sonntäglichen Mittagsschläfchen fragte mich Karl: »Na, und wie hat der Hund geschmeckt?« Ich fuhr entsetzt hoch: »Du hast es gewagt, uns einen Hund vorzusetzen?« »Na ja, ihr wolltet doch keine Katze, da mußte eben der alte Dackel dran glauben, der uns in der Garage immer um die Füße lief.« Vor Schreck hätte ich mich beinahe übergeben, wenn ich nicht genau gewußt hätte, daß von dem Hund bestimmt nichts mehr im Magen war. Karl hat uns aber auch kein weiteres Angebot dieser Art gemacht

Zu gleicher Zeit mit der Asphalt-Beton-Fabrik bauten wir auch das neue Lager in Lissij Nos auf. Gebaut wurde dort schon den ganzen Winter über. Ich erinnere mich noch sehr gut an eine Affäre, die sich da im Winter abspielte: Der Lager-Bauleiter Fritz Kircher bat mich eines Tages auf der Fahrt von Sestrorezk nach Lissij Nos: »Geh du heute bitte sofort auf dein Büro, und laß dich nicht eher sehen, bis ich dich rufe!« Da ich Fritz kannte, war mir klar, da spielt sich etwas ab! Von meinem Fenster aus war nichts zu sehen, denn das Lager wurde in einer

Entfernung von ca. 200 Meter im Wald aufgebaut. Nach einer guten halben Stunde kam Fritz aufs Büro und sagte: »Jetzt komm und schau dir den Laden an!« Was war passiert? Nicht nur fast das gesamte Werkzeug der Baubrigaden war geklaut, dazu auch noch Nägel, Schrauben, Dachpappe und alles, was man auf dem Bau brauchen konnte. Mit dem unschuldigsten Gewissen der ganzen Welt klopfte Fritz auf seine Tasche: »Rubel jest!« Fritz hatte also mit seinen Mannen den Diebstahl für die Nacht vorbereitet – später gestand er mir: Gerät und Material habe man zum bequemen Abtransport gebündelt bereitgelegt, das Ersatztor, durch das tagsüber Material angeliefert wurde, war in der Nacht aufgebrochen worden – auch da hatte man »die Arbeit erleichtert«. Und am Morgen hatte man schon dafür gesorgt, daß *unsere* Liefermaschinen frühzeitig ankamen – es dürften ja ohnehin dieselben Maschinen gewesen sein, die auch in der Nacht »gearbeitet« hatten – und so waren alle Spuren im Schnee unkenntlich gemacht worden. »So, jetzt kannst du die Polizei anrufen! Und wenn der Chef kommt, mach ihm klar, ich brauche Arbeit für 150 Mann – wenn er nicht ›Stillstand‹ bezahlen will!«

Die Polizei war schnell da – mit sechs amerikanischen Beiwagen-Motorrädern. Es wurden »Akten« geschrieben am laufenden Meter. Der Brigadier wurde verhört und ebenso einige seiner Männer, geschrieben wurde allerdings nur, was der Dolmetscher Behr übersetzte, und das war peinlichst »filtriert«! Als einige Polizisten noch Fingerabdrücke aufnehmen wollten, fragte ich Fritz: »Daran gedacht?« Fritz: »Wir sind doch keine Anfänger! Da sind selbstverständlich unsere Fingerabdrücke – wenn überhaupt! Einbrecher arbeiten doch mit Handschuhen!« Nach einer Stunde war alles »abgewickelt«. Und als der Chef des Ganzen endlich ankam, rühmte er »seine deutschen Mitarbeiter«: »Da seht ihr, so sind die! Jetzt könnten sie mal einige Stunden faulenzen – nein, sie drängen, Arbeit zu bekommen!«

So langsam lernten wir mit der Sowjetwirtschaft zurecht zu kommen. Da mußte irgendwo eine kleine Brücke über einen kleinen Bach gebaut werden. Die Brücke sollte 12 Tonnen tragen. Man fragte mich, ob ich einen »Plan« machen könnte. »Selbstverständlich! Kein Problem!« Zusammen mit Fritz Kircher schaute ich mir die Stelle an. Fritz zeichnete mir in den Sand, wie die Brücke zu bauen sei. Auf dem Büro machte ich »frei Schnauze« einen Aufriß. Ich sollte aber auch gleich eine Materialberechnung anstellen, und das Holz sollte sofort hinausgefahren werden. Ich rechnete großzügig, multiplizierte die Holzmenge mit dem »Faktor« drei und ließ das Holz aufladen und hinausfahren. Fritz mußte sofort mit der Arbeit beginnen. Am Abend wollte ich sehen, wie weit die Arbeit gediehen war. Da lag von den drei Lkw-Ladungen noch ein einziger Stamm. Fritz und seine Männer hatten sich schon zur Heimfahrt bereit gemacht. Als ich Fritz nach dem übrigen Holz fragte, sagte er lachend: »War ein gutes Geschäft! Der übrige Balken wird noch in der Nacht abgeholt! Morgen mußt du eben wieder eine Akte schreiben!«

Unserem Chef imponierte es mächtig, als Fritz ihm durch mich sagen ließ, er möge doch bitte nie mehr so viel Holz anfahren lassen, sondern ihm, dem Brigadier, erlauben, nach dem wirklichen Bedarf anzufordern! »Prawilno!«, so wird das in Zukunft gemacht. So hatte Fritz zu den Rubeln noch einen großen Bonus an Vertrauen!

Leider konnten wir nicht alle Brigaden so vorteilhaft abrechnen, daß sie es zu Zusatzverpflegung und gar noch zu Rubeln brachten. Die armen Kerle, die manchmal tagelang – oft sogar in der Nacht – Kies von den Bahn-Waggons abladen und den ganzen Tag den Kies zur Mischmaschine karren mußten, hatten eine so unmögliche Norm, daß da einfach nichts rauszuholen war. Kabanow zeigte mir zwar, daß man den Karrenweg verlängern – auf dem Papier natürlich! – und so etwas bessere Prozente schaffen, »errechnen« konnte, aber das brachte auch nicht viel. Dazu war das noch eine besonders schmutzige Arbeit! Besonders schlimm war die Arbeit mit dem Bitumen. Von uns kann sich zwar keiner mehr so recht erinnern, wie dieses schwarze Zeug angeliefert wurde. Ich meine gesehen zu haben, daß es in Papiersäcken in festem Zustand ankam. Friedrich

Hess aber weiß, daß es erhitzt wurde und dann mit einer Pumpe im Handbetrieb hinaufgepumpt werden mußte in die Mischtrommel. Jedenfalls ließ es sich nicht vermeiden, daß es von diesem Teufelszeug immer wieder Flecken auf der Kleidung gab, besser gesagt: Die ohnehin ärmliche Kleidung der Gefangenen wurde richtig verschmiert – ohne Möglichkeit, sie wieder zu säubern! Kein Mensch aber kümmerte sich darum, daß die Kameraden in diesen Klamotten dann auch schlafen mußten.

In dieser schmutzigen und dazu noch zerrissenen Kleidung machte sich Friedrich mal auf den Weg zur »Kartoffelernte«. Der Kolchosen-Acker war schon abgeerntet, so daß sich niemand darum kümmerte, wenn da noch jemand nach Kartoffeln buddelte. Auch eine Frau und ihre Tochter waren bei dieser Arbeit. Friedrichs Jacke muß so erbärmlich ausgesehen haben, daß die beiden Frauen, vor allem die Tochter, ihm anboten, er möge ihr die Jacke lassen, bis morgen würde sie das Stück waschen und reparieren. Es tat Friedrich so leid, daß er ablehnen mußte – denn er wußte ja nicht, ob er am nächsten Tag wiederkommen konnte. Vielleicht befürchtete das Mädchen, Friedrich würde ihr nicht trauen und deshalb ablehnen. Wie schade, daß man sich nicht besser verständigen konnte! Für sein ganzes Leben blieb Friedrich das dankbare Andenken an diese beiden Frauen in seinem Gedächtnis erhalten. – Aber wenigstens mit den Kartoffeln hatte er Erfolg.

Ein andermal hatte er einem vorbeigehenden Ehepaar einige Stückchen Kernseife angeboten, wie es sie im Lager manchmal gab, und von denen man auch mal einige »mitgehen« lassen konnte. Die beiden hatten anscheinend Mitleid mit ihm und gaben ihm 10 Rubel – das war genug für drei Kilo Brot! (So viel billiger war das Brot nach der »Währungsreform« geworden!)

Einige Male war Friedrich auch bei »dem Mann, der ein Haus baute«, das muß unser Chefarzt gewesen sein. Das erbrachte einen guten Tagesverdienst von 30 Rubeln – wobei er allerdings 15 an die Wachposten abgeben und den Rest mit 15 Kameraden teilen mußte, aber immerhin!

Diese Brigaden fanden so also selbst geheime Wege zu einer

Zusatzverpflegung. Manche gingen betteln – und hatten da schon Häuser, an denen sie anklopfen konnten. Andere konnten – im Einverständnis und unter Gewinnbeteiligung der Posten – echte Schwarzarbeit verrichten. Dabei zeigte die Zivilbevölkerung sehr viel Verständnis und Entgegenkommen. Es gab nicht einen einzigen Fall, wo »freilaufende« Gefangene der Polizei gemeldet worden wären!

Unser »Spasibo matuschka« (Danke, Mütterchen!) – ein halbes Jahrhundert später – soll auch ein Dank sein, an die vielen Helfer/innen, die trotz eigener Armut und trotz drohender Bestrafung so selbstlos den deutschen Kriegsgefangenen geholfen haben. Friedrich konnte im Jahr 2000 zusammen mit seiner Frau Lissij Nos besuchen. Zwar fand auch er keine Bekannten von damals, aber die Erinnerung hat ihn mehr als einmal zu Tränen gerührt!

Es gab auch schon sehr lukrative Verdienstmöglichkeiten! Kabanow stellte mir eines Tages – ganz inoffiziell – einen »Freund« vor, den Chefarzt einer Leningrader Klinik. Er hatte von Staat und Partei das damals wohl noch seltene Privileg erhalten, sich ein eigenes Haus – bescheiden »Datscha« genannt – bauen zu dürfen. Durch die Blume ließ er anfragen, ob er nicht gelegentlich Arbeiter, notfalls auch Spezialisten für seinen Bau von uns haben könnte. Das Schweigegeld für die Bewacher und die Aufseher ließe er über Kabanow erledigen, und die Arbeiter bekämen von ihm einen guten Lohn. Das wurde nicht nur zu einem lohnenden materiellen Geschäft, da alle in dieser Sache zusammenhalten mußten, Russen wie Deutsche, es brachte auch einen beachtlichen moralischen Gewinn. Die Sache lief denn auch wie am Schnürchen, und es wurden nicht mehr Leute informiert als jeweils nötig. Da aber auch viele Russen in diese Sache verwickelt wurden, ergab es eine vertrauensvolle Zusammenarbeit. Für mich hatte das noch den Vorteil, daß Kabanow noch viel erfindungsreicher wurde, wenn manche Brigaden durch die »Leiharbeiter« in Not kamen mit ihren Prozenten.

Unter vier Augen fragte ich mal Kabanow, wie sich das denn

mit den sowjetischen Grundsätzen vereinen ließ, daß da einer ein solches Privileg erhielt. Kabanow: »Der ist für die Partei ein absolut sicherer Mann. Er wird nie gegen die Obrigkeit ein auch nur gewagtes Wort sagen, denn er weiß sehr wohl, er könnte nie nachweisen, wo er Material und Hilfskräfte für seinen Bau herbekam. Die Partei gab ihm ja nur großzügig die Bauerlaubnis – darüber hinaus aber nicht einen einzigen Nagel. Würde man einen Nachweis von ihm verlangen, wäre er ›reif für Sibirien‹! Darum darf aus einem solchen System nicht ein einziger ausbrechen, sonst sind mit ihm noch viele andere gefährdet – vor allem solche, die der Partei ohnehin schon lästig wären.«

Und dann war eines Tages das Lager Lissij Nos so weit erstellt, daß wir dorthin umziehen konnten. Sehr begeistert waren wir davon nicht. Denn wir wußten, dieses Lager wurde in einen sumpfigen Wald hineingebaut. Die Aufbau-Arbeiter konnten schon ein Liedchen singen von der gräßlichen Mückenplage in den Sommermonaten. Außerdem hatte man die Bäume einfach abgesägt, so daß überall noch die Baumstümpfe im Weg standen. Aber es fiel so wenigstens das allabendliche Warten auf die Transportmaschinen für die »Heimfahrt« weg. Es hatte noch einen weiteren Vorteil: Das allabendliche endlose Stehen zum Zählappell fiel meistens flach. Einmal konnte man wegen der Baumstrünke nicht schön im Fünf-Mann-System Aufstellung nehmen – was das Zählen zu einem großen zeitraubenden Problem – für Deutsche wie Russen – machte. Außerdem machte der neue russische Lagerkommandant, Leutnant Sinjakow, eine bahnbrechende Erfindung, der leider die sowjetweite Anerkennung vorenthalten wurde: Die Gefangenen waren ja kurz vorher, wenn sie von der Arbeit kamen, am Lagertor alle schon mal gezählt worden. Es genügte also, wenn die Barackenältesten bzw. Kompanieführer die vollständige Anwesenheit aller Insassen meldeten. – Eigentlich wäre da doch eine Auszeichnung »Held der Arbeit«, wenn nicht gar »Held der Sowjetunion« fällig gewesen. Aber es galt eben damals schon: »Die süßesten Früchte fressen nur die großen Tiere!«

Ich habe lange nachgedacht – ohne Erfolg –, wann wir denn eigentlich in dieses Lager umgezogen sind. In diesem Sommer hatte mein Gedächtnis ohnehin eine ganze Reihe »schwarzer Löcher«.

Kapitel 8

Lissij Nos

Bei allem Nachdenken und Grübeln konnte ich einfach nicht mehr zusammenreimen, wann wir von Sestrorezk nach Lissij Nos umgezogen waren. Doch mein inzwischen vollkommen in den Computer eingespeichertes »Tagebuch« gab eindeutige Antwort:

17.IV.48 »Nach der Hast und dem Trubel des Umzugs will ich mir heute in der Mittagspause ein paar ruhige Minuten gönnen. Die Sonne scheint so wunderbar warm, daß man nur stillhalten, die Augen schließen und die Wärme durch alle Glieder fließen lassen möchte. Ein Schmetterling gaukelt vor mir in der Luft. Ja, der hat gut lachen, der fliegt einfach über den Stacheldraht weg – nein, er scheint es sich noch zu überlegen, ach da war ja noch eine Blume, die er noch nicht besucht hatte, nun lockt ihn aber doch die blaue Ferne! Mit ihm schwingen sich meine Gedanken über alle Hindernisse hinweg zu den dunklen Tannen, die dort so ernst und feierlich in den blauen Himmel ragen – und weiter über das wogende blaue Meer, das die Küsten meiner Heimat bespült – ›Deutschland! O heilger Name, o süßer Klang‹ – höre ich aus den offenen Fenstern des roten Sandsteinbaues an der Tauber klingen. ›Wie schlägt mir voll Lust das Herz in der Brust – Deutschland – bei deinem Namen!‹ (das hatten wir im Chor gesungen im Gymnasium in Tauberbischofsheim – bei unserem Musiklehrer, dem ›Eisbär‹, kurz vor der Einberufung.) – Soweit mein liebes Tagebuch!

Leutnant Sinjakow war in Lissij Nos der neue russische Lagerkommandant. Ich kannte ihn schon. Auch er hatte sein Glück versucht bei der schönen Galina.« Ich warnte ihn: »Da sind Sie zu klein, haben zu wenig Sterne auf den Schulterstükken!« Er: »Die wäre die erste, die mir widerstehen würde!« Als ich nach einigen Wochen einmal abends ins Büro gehen mußte, um einige Unterlagen zur nächtlichen Bearbeitung zu holen, flog mir Sinjakow »mit allen Vieren voraus« unter der Haustür entgegen, hinter ihm war noch ein schwarzer Stiefel an einem Frauenbein zu sehen. Wortlos ging er an mir vorüber – mich aber ließ Galina widerspruchslos in mein Büro. Runde fünfzig Jahre später sagte ich zu Galina: »Der Leutnant Sinjakow hat Sie schon gern gemocht, aber Sie anscheinend ihn weniger. Denn einmal sah ich, wie er aus ihrer Haustüre herausflog!« Galina: »Der flog nicht nur einmal raus!«

Im Lager drängte Sinjakow darauf, daß jeweils Offiziere eine Baracke als Kompanieführer übernehmen sollten. Wir hätten das lieber anderen überlassen und wären statt dessen gern zusammen in ein Barackenteil gezogen. Da aber Sinjakow auf seinem Befehl bestand, bestanden wir auf der Bedingung, daß jeder einen oder zwei Offiziers-Kameraden als Adjutanten mit in seine Baracke nehmen dürfte. »Soglasen!«, einverstanden! Und so zog Hermann mit mir in unsere Baracke ein. – Nach einigen Wochen überraschte uns der deutsche Lagerkommandant Willi – auch ein Leutnant, mit dem »Ukas von den Russen«: »Und deshalb will ich keinen Widerspruch hören: ›Der Leutnant Schmidt kriegt das Bett neben Hermann Kober!‹ So ist es befohlen und so wird das durchgeführt! Basta!« Deutlicher hätte uns Willi gar nicht sagen können, daß der neue Kamerad ein »Singvogel« ist, ein vom NKWD eingeschleuster Spitzel! Und es ging auch gar nicht lang, da sagte Schmidt beim Einschlafen zu Hermann: »Ich fahr morgen nicht, wie ich euch gesagt hatte, nach Leningrad zum Zahnarzt, sondern ich treffe mich dort mit einem Offizier des Englischen »Secret Service«. Hermann tat so, als schliefe er schon fest! Aber vergessen haben wir das nicht! – Als wir im September 1949 endlich über die Grenze der DDR nach Westdeutschland fuhren, standen Hermann und ich zum ersten Mal als wirklich freie Menschen auf dem Perron zwischen zwei Eisenbahnwagen. Gerade hatten wir dem letzten russischen Posten freundlich zugewinkt, da legte doch einer von hinten die Arme um uns beide und sagte: »Kameraden, jetzt riecht man die Freiheit!« Wir drehten uns um, und Hermann sagte: »Schmidt, du hast eine Minute Zeit, aus unseren Augen zu verschwinden – sonst wirst du nicht viel Freiheit riechen!« Wir haben Schmidt nie wieder gesehen!

Noch nicht lange waren wir im Lager Lissij Nos, da eröffnete mir der Natschalnik, der Chef unserer Straßenbaufirma, daß wir eine weitere Großbaustelle übernehmen würden. Ich bekäme also viel zusätzliche Arbeit. Ob denn im Lager nicht noch ein »Pisar«, ein Schreiber zu finden wäre? »Selbstverständlich ist da einer!« »Na gut, der soll morgen mit auf das Büro kommen!«

Ich stellte mich ans Lagertor und wartete, bis Hermann mit seiner Brigade zurückkam. »Hermann, ab morgen bist du Schreiber! Du kommst mit mir aufs Büro!« »Du spinnst! Ich kann kein russisches Wort schreiben – und in Mathematik bin ich auch nicht gerade eine Größe!« – »Egal, bis morgen früh kannst du das kyrillische Alphabet. Das ist ›Prikass‹ – und basta!« Wir ochsten die ganze Nacht kyrillische Groß- und Kleinbuchstaben. Schließlich war Hermann so weit, daß er russische Arbeitsbeschreibungen, die ich aus den Normbüchern abgeschrieben hatte, mir nachzeichnen konnte. Ich stellte Hermann dem Natschalnik vor und bat, noch ein wenig Geduld mit ihm zu haben, da sein Russisch noch wenig ausgeprägt wäre. Der Natschalnik aber interessierte sich dafür überhaupt nicht: »Sie bekommen die neue Baustelle dazu, und dann sehen Sie, wie Sie mit ihm klar kommen! – Jetzt soll er erst mal dieses Heft abschreiben!« Hermann bekam einen Schreck, denn Druckbuchstaben hatten wir ja noch nicht gelernt! Ich setzte ihn in eine sichere Ecke und hieß ihn »so tun als ob«. Ich hatte gleich gesehen, daß wir dieses Heft überhaupt nicht brauchten – das konnte aber der Natschalnik nicht wissen. Von Lohnabrechnung verstand er überhaupt nichts. Das überließ er Kabanow. Und der wieder hatte so viel »Nebenbeschäftigung«, daß er von uns möglichst nicht belästigt sein wollte. Das taten wir ja auch nur, wenn Brigaden zu besseren Prozenten verholfen werden mußte.

Hermann arbeitete sich erstaunlich schnell ein! Er genoß auch die Freiheit, daß er, wenn immer er es für nötig hielt, auf »seine« Baustelle hinausgehen mußte, um nach dem Rechten zu sehen. Dort auf der Baustelle »Nowie Derewnije« war als »Desjatnik«, als Aufseherin, ein hübsches junges Mädel. Möglicherweise war sie schuld daran, daß Hermann besonders oft die Baustelle inspizierte. Immerhin hat sie ihm gern zu den gewünschten guten Arbeitsberichten mit entsprechenden Zahlen – und notfalls zu »zusätzlichen (allerdings nie ausgeführten) Umstandsarbeiten« – verholfen. Auf diesem Gebiet hat Hermann sehr schnell von mir gelernt – für mich manchmal zu schnell! Er baute da kleine Häuschen, bei denen aber auf Grund seiner Rechnungsmethoden das Geld für das Dach meistens nicht mehr reichte. Hermann fing dann einfach mit dem nächsten Häuschen an. Das wurde auf Dauer auch seiner »Freundin« zu gefährlich – und die beiden fanden noch bessere Lösungsmöglichkeiten.

Vorwürfe konnte – und wollte – ich aber Hermann wegen seiner großzügigen Lohnverrechnung nicht machen. Er hatte ja nur bei mir »gespickt«! Auch auf meiner Baustelle kam es mal zu einem Eklat. Ich merkte es zunächst nur daran, daß alle die Köpfe hängen ließen, heimlich miteinander tuschelten, auch der Natschalnik tat sehr besorgt. Auf meine anteilnehmenden Fragen bekam ich keine Antwort. Bis ich dann eines Tages zu hören bekam, wir hätten unseren Etat um sechs Millionen Rubel überzogen! Da wurde mir dann allerdings auch schwummerig, denn das Defizit konnte doch wohl nur von den Lohnkosten verursacht worden sein. Was mich aber sehr wunderte: Mir machte niemand einen Vorwurf! Eigentlich klar: Als Gefangenem konnte man mir doch unmöglich eine solche Freiheit und damit auch Verantwortung überlassen haben, daß ich diesen ganzen staatlichen Laden durcheinanderbringen konnte! Auffallend war mir, daß Kabanow auf einmal eifrig an seinem Schreibtisch arbeitete – das war für mich ein neues »Kabanow-Gefühl«! Nach Mädchen zu schauen, hatte er einfach keine Zeit mehr.

Nach mehreren traurigen Wochen kamen auf einmal unsere Russen bestens aufgelegt, vielleicht sogar etwas »angetrunken« ins Büro. Irgend etwas mußte da geschehen sein. Auch Kabanow feierte mit und hatte kein Interesse mehr an seinem Arbeitstisch. Von ihm erfuhr ich dann auch: Die Schulden sind weg! Wie, sechs Millionen einfach weg? »Prawilno!«, richtig. Aber wie, das erfuhr ich erst einige Wochen später. Es hatte auch keine Anweisung gegeben, etwa daß ich sparsamer abrechnen sollte oder ähnliches.

Was war wirklich geschehen? Kabanow hatte in mühevoller Tag- und Nachtarbeit das Abladen sämtlicher Materialien von den Bahn-Waggons noch einmal abgerechnet, dazu noch einmal aufladen auf Lkw, nochmals abladen, und dann noch Karrentransport und alles, was da sonst noch nötig gewesen sein könnte, wenn das Material nicht vom Bahngleis direkt an unserer Asphalt-Beton-Fabrik abgeladen werden konnte, sondern 25 Kilometer außerhalb. Ja, warum denn, – weil das Bahngleis wegen augenblicklich nicht behebbarer Mängel gesperrt werden mußte. Das aber konnte nur der Bahnhofsvorstand persönlich entscheiden – und dokumentieren! Und das ging so vor sich (was ich aber wieder viele Wochen später unter dem Siegel tiefsten Stillschweigens erfahren habe):

Kabanow mit einem Dutzend Kolleginnen und Kollegen näherten sich, unter Absingen schmutziger Lieder, mit Gelächter und Gegröle der Bahnstation. Man ließ sich auf der Treppe nieder, ließ die Flasche rundgehen – ohne allerdings daraus zu trinken – man tat nur so! Der Lärm wurde so gesteigert, daß schließlich der Bahnhofsvorstand herauskam und um Ruhe bat. Seine Rede aber ging im allgemeinen Gelächter unter, man lud ihn zu einem kräftigen Schluck Wodka ein – dem er ja nur hätte widerstehen können, wenn er vielleicht kein Russe gewesen wäre! So aber ließ er sich herbei, mal einen Schluck zu nehmen. Die Flasche kreiste weiter und kam zu ihm zurück: Beim zweiten Schluck mußte er schon weniger Widerstand überwinden. Da alle nur so taten, als würden sie trinken, war die Flasche bald wieder beim Bahnchef. So hatte der in kurzer Zeit die ganze Flasche intus. Da seine Beine schon etwas schwer geworden waren, begleitete man ihn kameradschaftlich auf sein Büro. »Was ist das da für eine Unterschrift, die ist sicher von deinem Chef?« – »Nein, das ist meine!« »Glaub ich nicht, so eine tolle Unterschrift hast du doch gar nicht!« – »Und ob, da schaut her!« Und er führte seine allseits bewunderte Unterschrift des öfteren vor, dabei unterlegte man ihm auch Papiere mit dem Kopf der Bahnstation – und er unterschrieb sie mit sichtlichem Eifer! Und da man zu dieser Zeit noch nirgends mit Schreibmaschine schrieb, wurden die Akten auf unserem Büro noch in der Nacht entsprechend ergänzt. Und da auch die nächst höhere Dienststelle schon Bammel hatte, die wären ja wegen mangelnder Dienstaufsicht auch dran gewesen, lief schließlich alles, wie gewünscht und geplant – und die sechs Millionen waren verrechnet!

Auf der Baustelle der Fabrik hatten wir einen unangenehmen Zeitgenossen als Aufseher. Er war mit nichts zufrieden. Sein Wortschatz bestand in der Hauptsache aus: »Dawei, dawei!«, dazu noch einige ellenlange Flüche der besonders gemeinen Art. Die Kameraden nannten ihn nur »Matschauge«, weil er nicht nur schielte, sondern auch noch ein irgendwie zermantschtes Auge hatte. Öfter schon hatte man mich gerufen, wenn er in seinem Zorn handgreiflich geworden war. Ich machte ihm dann immer wieder klar, daß das Jahr 1945 längst hinter uns liege und wir uns eine solche Behandlung nicht mehr gefallen ließen. Es hat nicht zu seiner Beruhigung beigetragen, daß ich schon mehrmals ihn zum Natschalnik gezerrt hatte, wenn er gar zu unsinnig sich gebärdete – und ich dort recht bekam, während er einen Anpfiff einstecken mußte.

Irgend etwas hatte ihn mal wieder sehr geärgert, und er rächte sich damit, daß er verlangte, alles Brennholz, das wir, gut getarnt, eingeheimst hatten, abzulegen, denn das sei alles Staatseigentum! Erst dann dürften wir zum Mittagessen ins Lager abrücken. Ich versuchte ihn zu besänftigen, schließlich drohte ich ihm mit »Gegenmaßnahmen«, aber diesmal wollte er zeigen, wer der Chef sei. Ich beruhigte die Kameraden: »Laßt alles auf dem Platz liegen, heute abend nehmen wir alles mit!« Wir zogen zum Lager – ich blieb beim »Wachtior« am Lagertor. Für meine Papyrossi war der ja immer zugänglich. Ich wußte, daß »Matschauge« denselben Weg kommen mußte. Und tatsächlich – mit einem großen Bündel Brennholz unter dem Arm kam er an. Als er aber meiner ansichtig wurde, bog er ab in den Wald. Ich wußte aber, er mußte an uns vorbei zu seiner Behausung. Lange hielt er sich im Wald auf, mußte aber dann doch kommen. Ich ging auf ihn zu: »Können Sie mir sagen, wo es da Brennholz zu holen gibt, das nicht dem Staat gehört?« »Matschauge« schäumte und spuckte vor Wut. »Gut, ich habe einen Zeugen, daß da sogar wertvolles Baumaterial als Brennholz nachhause getragen wird.! Ich werde Anzeige erstatten!«

Nach dem Mittagessen, wieder eingerückt ins Baugelände, ließ ich zum offenen Karree einschwenken. »Kameraden, ich habe den hier anwesenden Herrn beim Klauen erwischt. Und wer einmal klaut, der klaut wieder! Ihr alle seid aufgefordert, diesen Herrn genau zu beobachten und jede Unregelmäßigkeit in seinem Benehmen sofort mir zu melden!« »Matschauge« versuchte mehrmals mich zu unterbrechen. Er schrie: »Dawei, dawei na rabotu!« Schließlich übersetzte ich ihm, was ich den Kameraden gesagt hatte. Jetzt explodierte er geradezu: »Faschist, Gitlerist, wieviele Russen hast du erschossen?« »Wenn es dich interessiert, kann ich es dir genau sagen: Einen zu wenig!« Jetzt ging er wütend auf mich los. Ich: »Überlegen Sie, was Sie tun! Ein Dutzend Russen und mehr als zweihundert Deutsche sehen zu und werden meine Zeugen sein!« Mit großer Drohgebärde gab er mir tatsächlich einen leichten Stups gegen meinen Arm. Ich holte aus und gab ihm eine gewaltige Rechte vor die Brust, sodaß er über die eigenen Beine rückwärts stolperte und sogar hinfiel. »Jetzt könnt ihr an die Arbeit gehen!« Ihm aber sagte ich: »Da kommt gerade der Natschalnik, gehen Sie gleich hin zur Beschwerde!« »Ich geh da hin, wo ich hin will!«

Das tat ich auch, ging auf mein Büro – und wartete, was er nun wohl unternehmen würde. Nichts geschah. Gegen Abend kam er zu mir aufs Büro: »Affizerr, könnten Sie mir da ne Kalkulation machen? Ich soll morgen diese neue Arbeit machen!« »Ist das alles, was Sie mir zu sagen haben?« »Nu, ja, die Kameraden verstehen mich halt manchmal nicht und dann gibt es eben Ärger!« – Damit war der Fall erledigt, aber beide Seiten versuchten etwas vorsichtiger miteinander umzugehen.

Eine Begebenheit in Lissij Nos muß ich unbedingt noch erzählen, da sie sich zu einer »Anekdote mit Langzeitwirkung« entwickelte. Wir saßen da wie Hühner auf der Stange auf dem »Donnerbalken«. (Für die Nichteingeweihten: Das war die geniale Erfindung für sämtliche »Gulags« zur Entsorgung menschlicher Bedürfnisse). Hier wurden nicht nur die Verdauungsorgane erleichtert, man betätigte auch den Stuhlgang der Seele, man gab von sich, was an Ärger, Frust und neuesten Gerüchten das Gemüt belastete. Einer tat sich da besonders hervor: Theo. Ich kannte ihn nur flüchtig, denn er war nicht von meiner Kompanie. Allerdings war er mir schon einige Male aufgefallen wegen seiner pessimistischen Tiraden, die sich geradezu in Weltuntergangs-Prophezeiungen steigern konnten. Ich hab ihn mehrmals angegiftet: »Halt doch deine blöde Gosch!« Theo aber sang sein Lied weiter: »Wir verrecken noch alle hier! Die wollen uns doch gar nicht entlassen! Die lassen uns schaffen, bis wir tot umfallen!« Auch andere versuchten ihn zu mäßigen, aber auch sie hatten keinen Erfolg. »Heute ist dazu noch mein Hochzeitstag! Wenn ich daheim wäre, dann würde meine Frau heute kochen: und dann folgte eine lange Liste seiner Lieblingsgerichte. Auf diesem Gleis konnte man ihn ruhig weiterfahren lassen, denn das Thema »Lieblingsgerichte« war unerschöpflich. Dazwischen aber immer wieder: Und was kriegste hier zu fressen? – und dann die russische Küche, so wie wir sie kannten.

Draußen wartete ich auf Theo, packte ihn unsanft am Kragen, schüttelte ihn gewaltig und hielt ihm eine gehörige Standpauke: »Jeder trägt hier schwer genug an seiner Last! Keiner kann die deine noch dazunehmen. Aber du machst den Kameraden das Leben noch schwerer. Reiß dich mal zusammen und denk an deine Frau, die auf dich wartet! Wenn du dich so gehen läßt, dann schaffst du es tatsächlich nicht, in die Heimat zu kommen! Und deiner Frau können wir dann bestätigen: es ging ihm nicht schlechter als den anderen, aber er war zu faul und zu feig, sich die Heimkehr zu verdienen!« Und um meiner Rede Nachdruck zu verleihen, gab ich ihm noch einen kräftigen Tritt in den Hintern. – Mit hängendem Kopf trottete Theo seiner Baracke zu.

Aber mir war es auch nicht wohl! Bei Hermann beichtete ich: »Hab mal wieder einen Zacken zu viel drauf gehabt!« Hermann war in solchen Dingen immer der Klügere und Überlegtere: »Mensch, verstehst du denn nicht, daß der einen ›Durchhänger‹ hat, wenn heute sein Hochzeitstag ist? Da würde ich auch mal allen Frust rauslassen – und würde dann erwarten, daß andere dafür Verständnis haben!« »Ist ja richtig, aber jetzt ist es schon passiert!« »Das ist eine zu billige Lösung!« – »Ja soll ich denn hingehen und mich entschuldigen?« »Das wäre auch noch zu billig!« In Hermann setzte sich die Denkmaschine in Bewegung. »Paß auf, du gehst und besorgst die Adresse von seiner Frau, und ich gehe und versuche was einzukaufen. Und dann schicken wir ihm zum Hochzeitstag ein Päckchen von seiner Frau! – Wir zogen beide los, und siehe da, es klappte. Hermann bekam zwei russische Bulkis, Weißbrötchen, eine Schachtel russische Papyrossis, einen Wurstzipfel und noch einige Bonbons. Mit Zement-Sack-Papier und einer Schnur fertigten wir das Päckchen, schrieben seine Lageradresse und als Absender die Adresse seiner Frau drauf. Und ab zum Postverteiler, der allerdings nicht allzu oft in Aktion treten mußte. Ihn und Theos Nachbarn informierten wir eingehend. Dann gingen wir einige Meter von Theos Pritsche entfernt in »volle Deckung«. Theo lag schon und hatte die Decke über den Kopf gezogen. Der Postler betrat die Baracke: »Ist hier ein Theo Töns?« Theo fuhr hoch, antwortete aber zunächst nicht. Was Angenehmes war da ja wohl nicht zu erwarten! Nochmals »Theo Töns!« Die Nachbarn ermunterten ihn, sich zu melden. »Ja, hier!« »Kennst du eine Marianne Töns?« Jetzt war er hellwach: »Ja, das ist meine Frau!« »Kann jeder sagen! Wie ist die Adresse?« »Ludwig-Wiesmann-Straße 13 in Dülmen.«

»Mensch, du hast Glück, kriegst n' Päckchen!« Wie verrückt stürzte sich Theo über das Zementpäckchen, riß auf – und fing schon an zu mampfen – und hörte nicht auf, bis auch das zweite Bulki aufgegessen war. Alle Nachbarn redeten auf ihn ein, wollten wissen, wollten sehen, dabei ließen sie das Papier verschwinden. Theo aber war eifrig besorgt, die anderen Sachen vor ihnen verschwinden zu lassen. Erst jetzt fing er an zu denken: »Ja, wie kann mir meine Frau frische russische Weißbrötchen schicken? Wo ist das Papier?« Alle halfen suchen, suchten auch nach einer Erklärung: »Weißt du, da gibt es jetzt vermutlich in Deutschland eine Stelle, wo man Geld einzahlt, und dann wird in Rußland das Päckchen gemacht!« »Stimmt, die Zigaretten sind ja auch russisch!« Wenigstens an seinen Zigaretten ließ er dann seine Nachbarn »Anteil nehmen«.

Es ging Wochen, bis Theo die Wahrheit herauskriegte. Dann kam er zu mir: »Also jetzt versteh ich überhaupt nichts mehr. Erst gibst du mir einen Tritt in den Hintern und dann schickst du mir zum Hochzeitstag noch ein Päckchen von meiner Frau!« »Lieber Theo, beides hatte denselben Zweck: Du sollst dich zusammenreißen und deinen Teil dazu beitragen, daß du wieder zu deiner Frau heimkommst!«

Länger als fünfzig Jahre war Theo fest davon überzeugt, nicht das Päckchen, sondern »der Tritt in den Hintern« hat ihm das Leben gerettet! Und zum Dank dafür schickte er mir jedes Jahr zu Weihnachten mit der Post 50 DM und schrieb auf den kleinen Anhänger der Postanweisung einen ganzen Jahresbericht. Bei der Einführung der Mehrwertsteuer erhöhte er auf 100 DM.

Auch in der Heimat hatte es Theo sehr schwer: Seine Stelle war besetzt, und so mußte er sich mit Beschäftigungen zufriedengeben, die weit unter dem lagen, was ihm nach seiner Meinung zu recht zugestanden hätte. Seine Haltung des ewig zu kurz Gekommenen hat ihm vielleicht auch manche Chance verdorben. Sein Glück war es, eine so liebe und gütige Frau gefunden zu haben, der es immer wieder gelang, ihn aufzufangen und ihm den nötigen Rückhalt zu geben. Ich besuchte ihn einmal anfangs der fünfziger Jahre. Da war er sehr stolz, mich, »seinen Leutnant«, den Kameraden seines Gesangvereins vorstellen zu können.

Da war einer unter seinen »Sangesbrüdern«, der ihn besonders ärgerte. Der war nicht in russischer Gefangenschaft gewesen, der hatte ja keine Ahnung, was wir mitgemacht haben! Der hatte aber vielleicht auch Theo ein Stück weit durchschaut und sein ewiges Zukurzgekommensein ihm selber zugeschrieben: »Wenn man schon so doof war und sich von den blöden Russen gefangennehmen ließ, dann brauchte man sich ja nicht zu wundern, wenn man überall im Leben zu kurz kam!« Theo konnten solche Reden bis zur Weißglut reizen. Aber beikommen konnte er diesem Angeber, der ja immerhin Oberfeldwebel gewesen war, mit seinen lahmen Argumenten nicht. Wie gut tat es Theo, daß ich diesen Kerl mal »aufs Korn nahm«! »Sie hatten sicher eine sehr wichtige Funktion in Ihrer Einheit?« »Ja, ja, ich war Zeugmeister beim Regimentsstab, zeitweilig sogar beim Divisionsstab in Italien und zum Schluß sogar in Norwegen! Da hat man so seine Erfahrungen machen können.« »Ja, natürlich, und da hat man dann immer auch rechtzeitig gewußt, wann es Zeit war, den Stab in neue und sichere Etappen zu verlegen. – Wir armen Frontschweine, Theo als Oberschnäpser und ich als Infanterie-Leutnant, wir können bei solchen Erfahrungen natürlich nicht mitreden!« Der Beifall der übrigen Sangesbrüder zeigte, daß es auch ihnen gut getan hatte, daß der mal eins drauf kriegte. Und Theo hatte vor ihm Ruhe!

Marianne ließ mich gelegentlich wissen, wenn er mal wieder eine Aufmunterung nötig hatte. Am 5. September 1994 konnte ich den beiden ihre »Goldene Hochzeit« im Kreis der Familie und Freunde zelebrieren. Aber dann ging es merklich mit ihm bergab. Seine Frau pflegte ihn mit himmlischer Geduld – beinahe bis zur Selbstaufopferung, als er schon monatelang weder sprechen noch ein Zeichen des Erkennens von sich geben konnte. Schließlich beteten wir gemeinsam um seine Erlösung, die dann am 26. Dezember 2000 geschenkt wurde. Während seiner Krankheit habe ich an den Sonntagen bei seiner Frau angerufen. Und solange er noch wahrnehmen konnte, hat er sich über meine Grüße immer wieder gefreut. Vielleicht war ihm das eine Hilfe – ähnlich wie vor einem halben Jahrhundert. Darüber ist aber auch die Verbindung zu seiner Frau und den Kindern noch enger und herzlicher geworden.

Ein Ereignis in Lissij Nos ist mir in Erinnerung geblieben, das mich heute noch schaudern läßt. Bitumen kam auch in flüssiger Form bei uns an. Dafür mußten dann großflächige Gruben angelegt werden. Wir nannten sie »Fischteiche«. Bitumen stand dann darin bis zu einem Meter Höhe und blieb zähflüssig. Keiner von uns kann sich noch erinnern, wie die weitere Verarbeitung vor sich ging. Eines Tages passierte es: Eine Kuh sprang in diesen Teich, bis etwa fünf Meter vom Ufer weg. Dann war sie so eingesunken, daß sie ihre Beine nicht mehr aus dieser zähen Masse herausziehen konnte. Unsere Kameraden wußten, daß das Tier nicht mehr zu retten war. Man überlegte zwar, ob man nicht Bretter bis zu ihr legen könnte, aber das hätte nicht geholfen. Schnell versammelten sich auch Russen um die Unglücksstelle. Ein alter Mann, wohl der Besitzer der Kuh, mußte von uns festgehalten werden. Er wollte mit aller Gewalt zu seinem geliebten Tier. Aber er wäre genau so jämmerlich eingesunken und im Bitumen erstickt. Es kamen immer mehr Leute, die schrien, gestikulierten – und schließlich hilflos weinten – und wir weinten mit. Es war aber auch gar zu schrecklich mitanzusehen, wie das Tier um sein Leben kämpfte und dabei immer tiefer einsank, bis es schließlich in der schwarzen Masse verschwunden war. Weil das auch spielenden Kindern passieren könnte, mußte ein Stacheldrahtzaun um diese Gefahrenstellen gezogen werden.

In unserem Betrieb arbeitete auch eine Chemie-Laborantin. Ihre Aufgabe war es, von der asphaltierten Straße runde Stückchen herauszusägen und auf ihre genaue Zusammensetzung zu untersuchen. Ich habe zwar nie kapiert, in wessen Auftrag sie arbeitete und wen sie für wen kontrollierte. Aber sie hatte ohnehin nicht allzu viel Arbeit, dafür aber viel Zeit, um uns die großen Vorzüge des Sowjetsystems zu erläutern – vor allem für die Frauen! Sie seien so frei wie die Männer, aber im Kapitalismus seien die Frauen ja nur Sklaven ihrer Männer und Ausgebeutete des Wirtschaftssystems. Ihr Mann sei Regisseur am großen Theater in Leningrad, sie brauchte also gar nicht zu arbeiten. Aber sie habe aus voller Freiheit sich entschieden, am sozialistischen Aufbau mitzuarbeiten und dabei sich selbst zu verwirklichen. Als sie aber dann mal mit verheulten Augen ankam und tagelang nicht ansprechbar war, gestand sie uns, daß ihr Mann sie verlassen und sich eine Jüngere zugelegt habe. Daß ihr Mann nun eben von seiner Freiheit Gebrauch gemacht – und sie doch eigentlich »noch freier« gemacht habe, wollte sie als Trost des Sowjetsystems gar nicht akzeptieren.

Ganz anders verhielt sich da unsere Schura. Sie mußte wohl in den Büroräumen putzen und kam immer gern zu uns herein und unterhielt sich mit uns. Im Krieg war sie nach Deutschland verbracht worden und hatte da eine gute Familie gefunden, bei der sie auf dem Bauernhof arbeiten mußte – Schura sagte »durfte«.

Aber da kam mitunter so ein komischer Kauz, vor dem sich alle fürchteten und der auch uns belehren wollte. Er sei ein Polit-Instruktor, erfuhren wir nach einiger Zeit. Die Russen unseres Betriebs mußten einzeln zu ihm in ein Zimmer kommen – und kamen dann oft lange nicht zurück. Aber dann taten sie so, als ob er »Freund und Helfer« wäre, aber so ganz haben wir ihnen das nicht abgenommen. Einige Male traf er – oder brachte er Schura zu uns ins Zimmer. Dann hielt er einen großen Vortrag, was diese russische Frau unter den Faschisten zu leiden hatte. Schura mußte dann immer bestätigen, was er schilderte: »Nicht wahr, du bist geschlagen worden?« »Ja, ja.« »Und wie oft? Täglich?« »Ja, ja«. »Und vergewaltigt hat man dich auch?« »Ja, ja.« Der Kerl entwickelte da eine tolle Phantasie. Wir vermuteten, er erzähle da wohl, was er sich in Deutschland als Besatzer geleistet habe. Aber wenn er dann weg war, dann kam Schura weinend zu uns und bat um Verzeihung. Sie müsse doch so sagen, da sie ja wegen »Kollaboration mit dem Feind« verurteilt worden war, sonst ginge es ihr schlecht! Nein, nein, ihr ging es in Deutschland so gut, daß sie barfuß dahin zurücklaufen würde, wenn sie nur könnte!

In den Sommermonaten wurde die Schnakenplage wirklich unerträglich. Wir versuchten alles Mögliche, verbrannten Fichtennadeln in den Baracken – so daß wir es selbst nicht mehr aushielten – die Schnaken aber hat das offensichtlich nicht gestört. Wir versuchten im Freien zu schlafen, deckten uns trotz der Hitze mit allem möglichen zu – und die Biester konnten durch alles hindurchstechen. Das waren schon wirklich schlimme Wochen, aber die gingen auch mal wieder zu Ende. Dafür war die Läuse- und Wanzenplage in diesem Lager kein Problem mehr.

Der für jedes Lager zuständige Polit-Offizier, wir nannten ihn wegen seiner Mütze den »Blauen«, entpuppte sich hier in Lissij Nos als gemütlicher alter Opa. Fest und unerschütterlich in seiner kommunistischen Überzeugung – sonst hätte er ja nicht beim NKWD sein können –, war er doch ein umgänglicher Mensch, wenn man ihm nicht in seiner Überzeugung widersprach. Und warum hätte man das auch tun sollen! So konnte er gemütlich bei uns im Büro sitzen und von den gewaltigen Leistungen des sozialistischen Aufbaus berichten, darüber konnte er geradezu ins Schwärmen kommen. Ja, und längst wäre man ja in der Sowjetunion schon beim Kommunismus angekommen – wenn nicht die bösen Faschisten allen Aufbau zerstört hätten. Dabei verfehlte er auch nicht in geradezu missionarischem Eifer uns zu belehren, daß wir nicht nur für die Sowjetunion hier unseren gerechten »Wiedergutmachungsauftrag« erfüllten, sondern zugleich auch unseren Beitrag leisteten zur Befreiung der Arbeiterklasse der ganzen Welt von der Sklaverei des Faschismus und Kapitalismus. In den leuchtendsten Farben konnte er uns dann schildern, welches Paradies der Weltkommunismus einmal für die in aller Welt zu Brüdern zusammengeschlossenen Arbeiter bringen würde. Nicht nur Hermann und ich mußten manchmal gewaltsam ein Grinsen unterdrücken, es war deutlich zu merken, daß auch die ebenso andächtig lauschenden Russen dieses Evangelium genau so wenig glaubten.

Wenn es uns gar zu viel wurde, mußten wir den guten Kapitän darauf aufmerksam machen, daß wir ihm gern noch weiter zuhören würden, aber jetzt unser Soll am sozialistischen Aufbau erfüllen müßten. Er verabschiedete sich dann – nicht ohne uns seine Anerkennung auszusprechen für unseren Eifer bei der guten Sache.

Einmal hat uns Kabanow im Anschluß an eine solche Lektion in sozialistischem Materialismus den folgenden Witz erzählt: Da war irgendwo auf dem Land eine große Versammlung der Kommunistischen Partei zur »Hebung der Arbeitsmoral«. Der Parteiredner sprach in großartiger Pose: »Towarischtschi, Genossen, heute noch müssen wir alle schwer arbeiten am sozialistischen Aufbau. Aber schon geht es vorwärts. In wenigen Jahren wird jeder ein Fahrrad haben. Einige Jahre weiter gibt es für jeden ein Motorrad. In zehn Jahren kann jeder ein Auto haben. Und in spätestens zwanzig Jahren hat jeder ein Flugzeug!« Da meldet sich ganz hinten ein einfacher Muschik zu Wort: »Genosse, das ist ja alles sehr schön. Aber wenn ich dann ein Flugzeug habe, was kann ich denn damit machen?« »Genosse, das kann ich dir genau sagen: Wenn es dann in Wladiwostok Schuhe gibt, dann kannst du mit deinem Flugzeug als erster dort sein!« Dafür fand Kabanow mehr Beifall als der große Verkünder des kommenden Kommunismus.

Die große Sympathie meines Polit-Kapitäns bekam ich einmal in besonderer Weise zu spüren. Er lud mich ein, mit ihm nach Leningrad zu fahren. Dort sollten wir ein Radiogerät für das Lager in Empfang nehmen. Irgendwie geriet dieses Vorhaben dann allerdings in Vergessenheit. Wir schritten miteinander zur Bahnstation. Bevor wir dort ankamen, stellte er mit sichtlichem Erschrecken fest, daß er seine Geldbörse vergessen hatte. Ob ich wohl das Geld für die Fahrkarten auslegen könnte, seine Frau würde dann ein gutes Mittagessen für uns bereiten. Gut, ich hatte ja Geld. In Leningrad zeigte er mir erst mal den »Newskij Prospekt«, nicht ohne darauf hinzuweisen, daß er natürlich vor der faschistischen Blockade noch viel schöner ausgesehen habe. Dann gingen wir durch einige Nebenstraßen, die bei weitem nicht so sauber waren. Als wir aber dann durch eine Toreinfahrt über mehrere Innenhöfe gingen, wurden die stinkenden Abfallhaufen, über die wir hinwegsteigen mußten, immer größer und höher. Schließlich ging es durch eine Türe in ein Treppenhaus. Es war sehr dunkel, und mein Führer machte mich aufmerksam, daß man auf der Treppe aufpassen müsse, weil nicht mehr alle Treppenstufen vorhanden seien. Die waren wohl irgendwann ausgebaut und verheizt worden. Ebenso hatten die Fenster auf den einzelnen Treppenabsätzen meist keine Glasscheibe mehr, sondern Sperrholzbrettchen oder einfach Pappe, darum war es so dunkel. Als wir dann im vierten oder fünften Stock vor »seiner Wohnung« standen, klopfte er mehrmals und rief seine Frau bei ihrem Namen – aber niemand öffnete. Ich fragte, ob sie nicht vielleicht irgendwo zur Arbeit sei. »Ach so, natürlich, die arbeitet doch. Daran habe ich gar nicht gedacht!« Als er mehrere Vorhängeschlösser aufgeschlossen hatte, konnten wir endlich eintreten. Unterwegs hatte er mir geschildert, daß er eine schöne und gute Wohnung habe. Jetzt aber mußte er mich warnen, bitte nur auf die Balken zu treten! Die Dielen waren ebenfalls verheizt. Die ganze Wohnungseinrichtung bestand aus einem einzigen eisernen Feldbettgestell mit einer Matratze. In einer Ecke waren dann doch noch einige Fußbodendielen, darauf zwei Holzkistchen als Sitzplätze und eine etwas größere und höhere Kiste als Eßtisch. In einer anderen Ecke stand ein Kanonenöfelchen, dessen Abzugsrohr auf abenteuerliche Weise zum einzigen Fenster hinausgeführt wurde, das ansonsten nur noch eine einzige Glasscheibe hatte. Das war die großartige Wohnung eines Polit-Kapitäns.

Natürlich gab es hier nichts Eßbares zu finden. »Müssen wir halt versuchen, an einem Kiosk was zu finden. Den Kiosk fanden wir. Er meinte aber, es würde nicht gut aussehen, wenn ich als Plenni für ihn, den Kapitän, bezahlen würde. Ob ich ihm nicht einige Rubelscheine geben könnte? Tat ich. So bekam ich großzügigerweise ein Bulki und eine Salzgurke. Er kaufte, verhandelte und zahlte – und auf einmal wurde er von zwei Polizisten in ein Gespräch verwickelt. Ich ging etwas zur Seite, schließlich auf die andere Straßenseite. Die da drüben redeten mit Händen und Füßen, stritten miteinander, ich hörte nur gelegentlich leidenschaftliche Flüche. Die Polizisten wollten ihn anscheinend mit auf eine Wache bringen. Er schaute ängstlich nach mir, war aber zufrieden, als er sehen konnte, daß ich mich auf der anderen Straßenseite in dieselbe Richtung bewegte. Da er inzwischen auch sein Bulki mit Salzgurke aufgegessen hatte, blieb man wieder stehen, streitend und gestikulierend. Schließlich grüßte man sich militärisch und ging in verschiedener Richtung auseinander. Was denn da los gewesen sei, wollte ich wissen. Ach diese Idioten, die waren nur verärgert, weil er sie nicht militärisch zackig gegrüßt hätte! Das habt auch ihr Deutschen ins Land gebracht! Bei uns gab es das früher nicht, da war man eben Towarisch, Genosse. Dabei konnte er doch gar nicht grüßen, er mußte doch noch zahlen und hatte das Bulki und die Gurke in der Hand. Außerdem habe er doch den höheren Rang!

Wir liefen noch lange bis zum Finnischen Bahnhof. Da fiel ihm ein, er sollte doch nach dem Radio schauen. Gut, ich sollte hier warten, er käme bald zurück. Nun war ich zwar gut gekleidet, aber doch als Wojna Plenni erkennbar. Ich ging auf dem Bahnsteig auf und ab – und erregte bald die Aufmerksamkeit zweier Polizisten. Die gingen »auffällig unauffällig«, wie sich das für Polizisten gehört, ebenfalls auf und ab, mal auf der anderen Seite des Gleises, mal hinter dem Bahnhofsgebäude. Als wir da mal fast aufeinanderstießen, stellte ich mich erschreckt und tat, als wollte ich davonlaufen. Das war für sie das Signal zum »amtlichen Zugriff«! »Passport, paschaluista!« – Hab ich nicht, bin Woina Plenni! – »Propusk«, Freilaufschein, jest?« »Auch nicht!« »Also mitkommen!« »Njet, ni budu!«, nein, das tu ich nicht! »Und warum?« – »Prikass! Befehl, ich muß hier auf meinen Natschalnik warten!« »Das interessiert uns nicht!« »Hab ich mir gleich gedacht! Ich bleibe hier!« So stritten wir eine ganze Zeit hin und her. Schließlich fingen die an zu fluchen. Da hab ich denen mal gezeigt, daß ich genau so laut und genau so lang fluchen kann – wobei ich auch in der Qualität der Flüche mich nicht übertreffen ließ! Na ja, schließlich kam mein Beschützer. Und als sie sahen, daß er ein »Blauer« war, da entschuldigten sie sich sogar!

Zweimal durfte ich als Bestarbeiter zusammen mit anderen Bestarbeitern Leningrad besuchen. Das war schon eine besondere Gnade des Systems. Das wurde uns auch sehr deutlich gesagt. Wohl sollte unsere Arbeitsleistung damit Anerkennung finden. Trotzdem sollten wir auch zu schätzen wissen, daß die Sowjetunion uns, die wir doch als Faschisten in ihr blühendes Land eingefallen und unvorstellbare Verwüstungen angerichtet hätten, nun dieses Entgegenkommen zeige. Man verneige sich bitte in gebührender Ehrfurcht.

Wir standen in einer der riesigen Hallen des Winterpalastes und warteten auf eine Führung. Kam da eine sehr adrette Dame an und fragte als erstes: »Ist unter Ihnen ein Dolmetscher?« Ich duckte mich, wollte mich drücken, aber die Kameraden schoben mich nach vorn. »Aber Sie sprechen doch so gut deutsch und mein Russisch betrifft nur den Straßenbau!« »Ja, aber ich spreche nicht gern deutsch!« »Verständlich!« Im Weitergehen erklärte sie mir, sie spreche alle europäischen Sprachen und freue sich immer, wenn sie fremde Besucher führen dürfte. Aber nur die Deutschen hätten eine so unangenehme Eigenart: Die lachen und grinsen immer, wenn man ein Wort auch nur falsch betont. Das konnte ich mir gar nicht denken, wußte ich doch, wie rücksichtsvoll die Russen mein Kauderwelsch aufnahmen. Wirklich, mich hat nie einer ausgelacht. Waren wir Deutschen wirklich solche rücksichtslosen Banausen? Bald bekam ich ein sehr eindrückliches Beispiel für vornehme russische Zurückhaltung und deutsche Lachbereitschaft. In einem imposanten Saal erklärte die Führerin, von diesem Zimmer sagte die Zarin Katharina II: »Dieses Zimmer kennen nur ich und meine »Mischi«. Ich übersetzte: »... kennen nur ich und meine Männer«. Lautes Gelächter, halblaute Kommentare, überlegenes Grinsen. Im Weitergehen sagte die Führerin – in vornehmer Zurückhaltung: »Jetzt haben Sie einen kleinen Übersetzungsfehler gemacht. Ich sagte nicht meine »Muschtschini«, sondern meine »Mischi«, also meine »Mäuse«! (Katharina züchtete hier weiße Mäuse!) »O, Verzeihung, muß ich sofort richtigstellen!« »Nein, tun Sie das nicht, sonst lachen Ihre Kameraden über Sie – und das will ich nicht!«

Die Wintermonate über war der Straßenbau eingefroren, darum hatte auch die Produktion von Straßen-Asphalt aufgehört. Mehrere Gruppen waren in Betriebe in Leningrad ausgeliehen, darunter auch eine starke Gruppe aus meiner Kompanie. Eine Gruppe wurde sogar ins Hauptlager Sestrorezk zurückverlegt. Nur Hermann blieb mit seinem Kommando in »Nowie Derewnije« beim Häuserbau. Wahrscheinlich weil er auch im Winter gute Prozente und damit gute Bezahlung lieferte. Unter vielen Gerüchten tauchte eines immer wieder auf: Es wird ein neues Lager gebaut mit einer neuen Asphalt-Beton-Fabrik. Dann hieß es wieder, von Sestrorezk seien schon mehrmals Gruppen dorthin verlegt worden.

Schließlich klärte mich mein russischer Lagerkommandant, Leutnant Sinjakow, auf: Ja, dort würde ein Lager mit derselben Funktion wie hier aufgebaut. Und dazu müsse er einen Normierer und Dolmetscher abstellen. Ich sollte also Hermann darauf vorbereiten und ihm die nötigen Hilfsmittel und Anweisungen mitgeben. Aber da mußte ich ihn enttäuschen: Kommt nicht in Frage! Hermann ist hier gut eingearbeitet. Wenn ein neues Lager aufgebaut werden muß, dann ist das meine Aufgabe! Das aber wollte er nicht einsehen. Mir war klar, daß Hermann seine Arbeit so gut verstand, wußte Sinjakow nicht, denn ich mußte noch lange Zeit so tun, als wären das meine Abrechnungen – einfach um Hermann, der eben noch lange nicht dieses Ansehen besaß, zu schützen. Das aber Sinjakow klar zu machen, war nicht ganz einfach.

Hermann und ich hatten ein ganz anderes Problem: Daß einer ins neue Lager mußte, war für uns ebenso klar, wie die Frage, wer geht dann. Unser Problem war, unseren »gemeinsamen Haushalt« aufzuteilen. Wir hatten ja ein richtiges »kommunistisches Gemeinwesen«, bei dem jedem alles und keinem nichts allein gehörte. Aber auch da wurden wir uns schnell einig und waren deshalb vorbereitet, als unser Kommando von Leningrad zurückgenommen – und nach Sapernaja zusammengestellt wurde. Sinjakow aber hatte als »Kommando-Führer, Dolmetscher und Normierer« Hermann Kober auf die Liste gesetzt. Das gab noch einmal eine heftige Auseinandersetzung, bei der ich mich schließlich durchsetzte. Zu Hilfe kam mir dabei der bisherige Natschalnik der Fabrik, der auch für das Werk in Sapernaja zuständig sein sollte. Der Abschied war nicht so herzzerreißend wie der von Leningrad. Wir wußten ja, daß auch das dortige Lager der Hauptverwaltung in Sestrorezk unterstellt war. Insofern hatte ich die Hoffnung, des öfteren mal mich mit Hermann treffen zu können, was sich dann auch bewerkstelligen ließ. Mit einigen Rubeln Schmiergeld ließ sich das erreichen. Notfalls mußten noch einige Lügen, daß ich dringend auf die Hauptverwaltung fahren müßte, um den Geldtransfer zu regeln, die Argumente bekräftigen.

Kapitel 9

Leningrad

Da wurden wir also auf Lkws verladen – für mich mal wieder fast was Neues – und ab geht es in Richtung Leningrad. Mir war es, als wollte der Lkw-Fahrer uns seine schöne Stadt einmal zeigen. Es ging jedenfalls über Brücken und Prachtstraßen, der Newa entlang und unter dem Winterpalast vorbei; der Wachtposten weist voll Stolz auf den Panzerkreuzer Aurora hin, über den Newskij-Prospekt – aber dann schien es so, als wüßte der Fahrer selbst nicht, wo er uns hinbringen sollte. Jedenfalls mußte er viele Male anhalten und fragen. Und dann standen wir vor einem großen Tor. Man rüttelte, man rief – lange Zeit vergeblich. Bis dann das Tor sich einen Spalt öffnete und eine alte Frau sich zeigte mit einer Flinte auf dem Rücken. Später erfuhren wir, daß dieses alte Weibchen auch weiterhin in der Nacht das Areal bewachen mußte, obwohl da schon alles gestohlen war, was man nur mitnehmen konnte.

Anscheinend war das die richtige Adresse. Wir stiegen ab und standen, 80 bis 100 Mann werden wir wohl gewesen sein, und warteten, wer oder was da nun auf uns zukommen würde. Da war ein großer altertümlicher Bau, später hörten wir, das sei eine Kaserne gewesen, die Peter der Große gebaut habe. Und wir sollten sie nun umbauen in eine Fabrik, in der einmal zahntechnisches Gerät hergestellt werden sollte. Erst nach 3–4 Stunden kam ein Mann, der sich als Ingenieur vorstellte. Er habe den Auftrag, hier den Umbau zu leiten. Ich stellte mich vor als »Kommandoführer«, der prüfen sollte, ob diese Baustelle für unsere Fähigkeiten geeignet sei und damit Aussichten auf Verdienstmöglichkeit bieten würde. Aber erst solle er mir mal Arbeit geben für meine Leute, die bereits seit Stunden im »Prostoi«, ohne Arbeit, herumstehen würden. Das könne er nicht, aber »skora«, bald, käme ein Lkw mit Werkzeug für uns. Und die »Prostoi-Stunden«, die würde er bezahlen. Gut, aber dann wollte ich mal seine Pläne sehen, um meinem Natschalnik berichten zu können, ob dies eine für uns annehmbare Arbeit sei. In dem kleinen Verschlag der alten Wächterin – einen anderen geeigneteren Raum gab es noch nicht – holte er aus seiner Kartentasche, die einer Wehrmachts-Kartentasche verdammt ähnlich sah, umfangreiches Planmaterial hervor. Ich betrachtete das alles mit sehr fachmännischen Augen, wobei ich immer nur auf die Endsummen schielte, um dort die Arbeitslöhne abschätzen zu können. Auch machte ich mir eifrig Notizen und fragte schließlich, für welche Zeit diese Arbeiten vorgesehen seien. »A potschemu?« Warum ich das wissen wollte. Weil da eben keine Zeit angegeben sei, und diese Arbeiten für meine Leute aber nur für zwei Monate reichen würde. Das war schon ein bißel geflunkert, aber es brachte seine Wirkung:

»Sind Sie Ingenieur?« »Bei uns nennt man das nicht so.« »Ja wieviele Jahre Schule haben Sie?« »Zwölf« sagte ich, wobei ich die Kinderschule nicht mitrechnete – die ich allerdings auch nicht genossen hatte. »Was zwölf Jahre! Ich hatte nur elf!« Und von da an war ich der »Towarisch Inschenjer«, der »Genosse Ingenieur«. Das hat sich in der folgenden Zeit als sehr gut erwiesen. Denn ich genoß ein solches Vertrauen, daß ich alles erreichte, was ich für nötig hielt.

Inzwischen war auch der Lkw mit Werkzeug angekommen, primitiv und unzureichend natürlich, aber der »Genosse Oberinschenjer« notierte alles, was wir noch brauchten. Wir teilten die einzelnen Gruppen in ihre Aufgaben ein. Dabei notierte er eifrig, was an Material beigeschafft werden mußte. Ich sagte meinen Männern, ihr müßt sichtbar fleißig schaffen, damit er sieht, daß er es mit »Facharbeitern« zu tun hat. Zu diesem Zweck ließ ich auch meine »Meister« mitberaten bei Arbeitsgerät- und Materialanforderung. Eine Gruppe mußte sofort beginnen, ein ordentliches Büro für mich einzurichten. Die entsprechenden Möbel kämen – »skora«, bald, natürlich.

Am Abend konnte ich dem Natschalnik des Lagers berichten: Da läßt sich gutes Geld verdienen! Deshalb gab er den »Prikass«: Dort bleiben!

Zunächst mußte sehr viel Schutt weggeräumt werden – und wir räumten sogar mehr weg, als überhaupt vorhanden war. Das füllte gut die »Narjaden«, die Arbeitsberichte. Das war aber auch nötig, denn produktive Arbeit konnte noch lange nicht angefangen werden. So karrten wir zunächst mal den Schutt auf den Hof. Dort wurde der Haufen immer größer. Erst später, als Sand angefahren werden konnte, haben wir diesen Schutt auf Lkws aufgeladen – und draußen wieder abgeladen, denn das waren keine Fahrzeuge, die ihre Last abkippen konnten. Und siehe da, der Schutt hatte sich nochmals vervielfältigt! Aber das geschah durchaus im Einvernehmen mit dem Herrn Oberingenieur. Schließlich mußten meine Leute auf gute Prozentzahlen gebracht werden. Da hat er sogar noch mehr »Arbeiten« erfunden, die zwar nicht geleistet, aber immerhin abgerechnet wurden. Und darauf kam es für mich vor allem an.

Langsam nahm die Arbeit dann Struktur an: Da mußten Wände abgerissen werden – wobei man mir überließ, zu prüfen, ob das auch nicht »tragende Wände« waren. Andere Wände mit Türen und Durchreichen mußten hochgezogen werden. Bald bekam auch endlich unser Verputzermeister Jupp seine Aufgaben, Wände, Türen und Fenster fachgerecht zu verputzen. Am schwierigsten war es unserer Schreinerei oder Glaserei. Da mußten viele Türen und vor allem Fenster hergestellt werden – aber mit Werkzeug, mit dem wohl auch Noah seine Arche eingerichtet hatte. Da war nicht eine einzige mechanische Säge! Alles mußte von Hand gesägt werden. Zwar lieferten Sägewerke Bretter und auch Latten, aber die einzelnen Fensterschenkel mußten von Hand zugesägt werden. Das war eine mühsame und zeitaufwendige Arbeit, die allerdings entsprechend auch berechnet und bezahlt wurde. Der Herr Oberingenieur hatte ja mit solchen Arbeiten seine Erfahrung – und auch das Wissen, wie man das günstig abrechnen konnte.

Für unsere Fachleute aber war diese vorsintflutliche Arbeitsweise unerträglich. Es ging auch gar nicht lange, da hatten sie alles Nötige beisammen, um eine Kreissäge aufzubauen. Kameraden, die in anderen Betrieben arbeiteten, lieferten »auf Bestellung« alles Nötige – einschließlich Elektromotor in Einzelteilen. Bevor aber noch diese Maschine zusammengebaut wurde, bekam ich den Auftrag, mit dem Oberingenieur auszuhandeln, daß auch weiterhin alle Sägearbeit als »von Hand« abgerechnet wurde. Damit war er sofort einverstanden, denn er hatte schon oft um eine solche Maschine nachgesucht, aber eben nicht erhalten. Andererseits bestand so die Aussicht, daß unsere Arbeit schneller voranging durch diese Erfindung. Eine Bedingung nur: Die Säge mußte so getarnt sein, daß sie beim Besuch einer Kommission nicht zu sehen war. Da waren wir uns schnell einig. In einer anderen Sache waren wir weniger erfolgreich. Unsere Tischler brauchten für die Fensterfertigung unbedingt einen Simshobel – so nannten sie das. Das Eisenteil hatten sie schnell wieder von den »Kameraden der anderen Fakultät«. Aber nun brauchten sie ein Stück Hartholz, in das dieses Teil eingepaßt werden sollte. Und das gab es nicht. Uns wurde nur Tannen-, Fichten- und Kiefernholz angeliefert. Aber für den Herrn Oberingenieur, der ja noch andere Betriebe leitete, dürfte das doch wohl kein Problem sein. Denkste! Zwar hatte er Buchenholz in einem anderen Betrieb, aber er konnte es nicht wagen, so ein kleines Stück mitzubringen. Das war für uns unbegreiflich. Aber er: »Ich habe nicht auf jeder Baustelle ein so gutes Verhältnis. Und gerade dort sind russische ›Sakljiutschornij‹, zu langen Haftstrafen Verurteilte. Da konnte er es nicht wagen, ein solches Stück herauszuschmuggeln.« Irgendwie wußten sich unsere Spezialisten aber dann doch zu helfen.

Es ging gar nicht lange, da schaute unser Chef nur dann auf die Baustellen, wenn ich ihn darum bat, wenn eine Entscheidung getroffen werden mußte – oder wenn mal der Plan wieder nicht stimmte. Er kam am Abend auf mein Büro, fragte: »Kak dielo?« wie geht es, und notiert nur unsere Materialanforderungen, dann ging er zufrieden seines Weges. Einmal aber druckste er verlegen herum, versicherte mir nachdrücklich sein volles Vertrauen, bat mehrmals um Entschuldigung und ließ schließlich die Katze aus dem Sack: Es sei leider ein Gesetz, daß überall, wo deutsche Kriegsgefangene arbeiten, eine russische Aufsichtsperson dabei sein müsse. Gut, aber wo ist da das Problem? Wir arbeiten doch seit Jahren unter dieser Bedingung. »Schikken Sie doch den Mann her, wir werden ihn schon beschäftigen.« Aber er habe keinen Mann. »Na, wenn Sie keinen haben, können Sie doch auch keinen schicken!« »Ja, aber er habe ein junges Mädchen.« »O, ist sie hübsch?« Er habe sie noch nicht gesehen, sie sei ihm einfach zugeteilt worden. Aber es sei vollkommen klar: Die habe hier nichts zu sagen! Die hat nur für den Fall da zu sein, daß mal eine Kommission käme, dann habe sie sich als »Desjatnik« vorzustellen, damit »das Gesetz erfüllt« sei. Aber nochmals: »Zu sagen hat die gar nichts! Sie führen genau wie bisher das Kommando!« »Machen Sie sich keine Sorgen, das kriegen wir schon hin!«

Am nächsten Morgen, wir waren schon lang an der Arbeit, stürmt ein junges blondes Mädchen ins Büro, schreit mich an: »Stehen Sie gefälligst auf, wenn eine Dame den Raum betritt! Wissen Sie nicht, was sich gehört?« »Wenn jemand Unbekanntes einen Raum betritt, in dem gearbeitet wird, hat sich die Unbekannte erst mal vorzustellen! Wenn es eine »Dame« ist, wird sie das tun. In diesem Falle würde ich mich selbstverständlich von meinem Arbeitsplatz erheben. So aber muß ich sie darauf hinweisen, daß ich einen wichtigen Beitrag zum sozialistischen Aufbau der Sowjetunion leiste und deshalb bitte ich, nicht gestört zu werden.« Sie knirschte zwar mit den Zähnen vor Wut, mußte sich aber dann doch herablassen: »Ich bin Ihr neuer Natschalnik und verlange, daß Sie mir sofort die gesamte Baustelle zeigen!« »Ich vermute, daß Sie auch einen Namen haben. Ich habe jedenfalls einen, und zwar heiße ich Kriegsgefangener Leutnant Behr. Daß ich aber einen neuen Natschalnik bekomme, davon hat mir mein bisheriger Natschalnik nichts gesagt. Können Sie sich schriftlich ausweisen?« Das habe sie einem Kriegsgefangenen gegenüber nicht nötig. Und jetzt soll ich ihr die Baustellen zeigen! »Das werde ich nicht! Aber wenn ich meine Arbeit fertig habe, gehe ich über die Baustellen. Sie könne mich dann begleiten!« Ich ließ sie bewußt noch längere Zeit warten. Hier mußte klargestellt werden, wer die Hosen an hat.

Schließlich gingen wir los. Ich machte sie aufmerksam, daß ich ausnahmsweise ihr gestatte mitzukommen. Ich nehme mal an, daß der Oberingenieur nichts dagegen hat, wenn er am Abend kommt. Sie schäumte zwar vor Wut, mußte sich aber wohl oder übel fügen. – Im Keller zogen meine Männer eine Zwischenmauer hoch. Ich machte darauf aufmerksam, daß ich einen Gast bei mir hätte, der möglicherweise hier eine bestimmte Funktion bekommen sollte. Inzwischen war sie an die Mauer herangetreten, probierte, ob die auch fest sei – und da sie das nicht war, warf sie ein größeres Stück einfach um. Meine Männer waren empört. Ich befahl: »liegen lassen, das muß sie uns bezahlen! Fangt an der nächsten Mauer an!« Bei den Stukkateuren trieb sie es ebenso, kratzte mit einer Harke den frischen Verputz von der Wand, weil er angeblich nicht akkurat war. Jupp hatte schon eine Kelle voll Speis gezückt, wenn ich nicht dabeigewesen wäre … »Laß alles Jupp, fang im nächsten Raum an!« Bei den Tischlern hätte es zweifellos Aufstand gegeben. Da sah sie sich die dünnen Fensterleisten an, und weil da Äste drin waren, zerbrach sie mehrere – die doch in langer Handarbeit zugesägt worden waren. »Liegen lassen, weitermachen, sie wird alles bezahlen!«

Am Abend kam wieder der Oberingenieur, begrüßte mich betont als »Genosse Ingenieur«, das Mädchen würdigte er keines Blickes. Auf die Baustelle führte ich ihn absichtlich nicht. Nachdem er die Materialanforderungen notiert hatte, wollte er sich verabschieden. Den Türgriff schon in der Hand, fragte er: »Und wie kommen Sie mit dem Mädchen zurecht?« – »Na, da kann man nach einem Tag noch nicht viel sagen. Das wird schon recht werden!« »Konjeschno, klar, Sie haben ja auch klare Anweisungen!« Nachdem er draußen war: »Das lasse ich mir nicht bieten! Ich werde mich beschweren! Und Sie, vergessen Sie nicht, daß Sie nur Kriegsgefangener sind!« »Danke, Sie helfen mir sehr, das nicht zu vergessen!«

Am nächsten Tag war sie wütend, daß ihre Untaten vom Vortag noch nicht beseitigt waren. Allerdings fügte sie nur wenige neue hinzu. Bis morgen müßte das alles aufgearbeitet und nachgebessert sein! »Einverstanden, wenn Sie vorher genau den Schaden aufgenommen und abgerechnet haben. Sonst müßte ich den Herrn Oberingenieur die Sache abschätzen lassen!« – Am Abend derselbe Ablauf. Als der Chef weg war, sagte ich ihr: »Sie haben nun gesehen, wie die Arbeit hier läuft und konnten sehen, daß sie gut läuft. Probieren Sie am dritten Tag aus, ob nicht Zusammenarbeit sinnvoller wäre!« »Ich lasse mir von Ihnen keine Vorschriften machen!« Und das wollte sie uns am dritten Tag noch deutlicher zeigen, indem sie wieder einigen Schaden verursachte. Meinen Männern war das nicht länger zuzumuten.

Darum begrüßte ich am Abend des dritten Tages den Herrn Oberingenieur: »Ich muß mich leider mit meinem ganzen Arbeitsteam von Ihnen verabschieden! Unter den jetzigen Bedingungen ist keine sinnvolle Arbeit möglich. Bitte schauen Sie sich einiges an – und am besten bitten Sie das Fräulein mitzukommen!« Ich zeigte ihm ihre Heldentaten, und meine Männer gaben noch ihre Kommentare dazu. Sie wollte sich rechtfertigen und schrie geradezu von ungenauer und schlampiger Arbeit! Der Chef steigerte sich immer mehr in seine verhaltene Wut. Auf dem Büro angekommen, bat er mich mal kurz hinauszugehen. Kaum hatte ich die Türe von außen geschlossen, ging da drinnen ein Donnerwetter los – da tat mir das Mädchen schon leid. Anfangs hörte man noch, daß sie auch etwas sagen wollte, aber das ging schnell wieder unter im Gebrüll des Chefs. Schließlich kam sie heraus: »Herr Leutnant, Sie möchten bitte hereinkommen!«

»Towarisch Inschenjer, bleiben Sie mitsamt Ihrem Kommando! Ab morgen wird es keine Schwierigkeiten mehr geben!« – Am nächsten Morgen stürmte unsere »Junior-Chefin« froh gelaunt ins Büro: »Guten Morgen, Alfred!« Mir fiel vor Staunen der Unterkiefer runter. Aber sie: »Ich muß mich entschuldigen – nicht weil der Chef das sagte – nein, ich muß Ihnen erklären: Ich war vorher in einem Lager von »Sakljutschornis«, mit Lebenslänglichen, da war es lebensgefährlich, wenn man denen nicht Respekt beibringen konnte. Mir hätte es beinahe das Leben gekostet! Dann hat man mich hierher versetzt und mir gesagt: Diese Faschisten sind noch viel schlimmer, die sind alle Kriegsverbrecher von der schlimmsten Sorte! Deshalb meinte ich, euch gleich zeigen zu müssen, daß ich mich nicht vor euch fürchte. Aber jetzt sehe ich – und der Chef hat es mir bestätigt – ihr seid ja ganz gute und normale Menschen! Wir sollen gleich heute morgen den angerichteten Schaden aufnehmen und abrechnen. Und dann möchte ich mich bei Ihren Kameraden entschuldigen!« Das taten wir, und von jetzt an gehörte Lola zu unserer Gemeinschaft. – Ja, aber was sie eigentlich hier tun sollte? Wir fanden bald sinnvolle Beschäftigung für sie. Am Anfang kaufte sie für alle, die Rubel hatten, in der Stadt ein. Bald sorgte sie dafür, daß der Rubel rollte, indem sie uns Aufträge besorgte. Denn unsere Schreinerei entwickelte sich mehr und mehr zu einer Möbelschreinerei. Die Kreissäge und andere sinnvolle, von uns besorgte Hilfsmittel, ließen uns die Norm an Türen und Fenstern schnell erfüllen. Dann aber versorgten wir die überaus bedürftigen Sowjetmenschen mit Tischen, Stühlen, Betten und allem, was so dringend gebraucht, aber sonst nirgends zu bekommen war. Lola regelte auch den Abtransport – mit den Lkws, die uns Material ins Lager brachten: Es wäre doch unproduktiv gewesen, wenn die leer weggefahren wären! Außerdem handelte Lola die Tarife aus für die Beteiligten, Chauffeure, Wachposten – und natürlich auch für die eigene Vermittlertätigkeit. Unser Geschäft florierte, und alle wurden am Umsatz beteiligt, auch die, die gar nichts direkt damit zu tun hatten. Um die Weihnachts- und Neujahrszeit kam noch ein weiterer Geschäftszweig hinzu: Weihnachtsbäume! Die Kameraden draußen in der Sandkuhle besorgten diese Bäumchen, wenn mal gerade kein Lkw da war. Mit dem Sand wurden dann die Bäumchen ins Lager gebracht – und Lola besorgte den Verkauf.

Natürlich wußten alle, daß wir vorsichtig sein mußten. Wenn

sich eine unbekannte Person zeigte, wurde gewarnt mit dem Ruf »Fufzehn« nach dem allen bekannten Warnsignal »Luftgefahr fünfzehn«, d.h. in fünfzehn Minuten konnten feindliche Flugzeuge da sein. – Auch Lola war dieser Ruf schon aufgefallen, und sie wollte wissen, was das bedeutet. Meine Auskunft: »Achtung, schönes Fräulein kommt!« Von da an kündigte sich Lola selber an: »Fufzehn!« und alle wußten, jetzt können wir Bestellungen aufgeben – oder das Bestellte in Empfang nehmen. Mir wollte sie mal eine besondere Freude machen, indem sie mir einige Zigarren und sogar Bohnenkaffee mitbrachte. Das dürften wohl nicht viele Deutsche in russischer Kriegsgefangenschaft erlebt haben. Leider lebt meines Wissens nur noch einer, der das bestätigen kann: Willi Albrecht in Lüneburg. Von da an konnte ich an den Sonntagen meine Kameraden im Lager Lissij Nos zu Kaffee und Zigarren einladen. Nach Auskunft Lolas verkauften die Angestellten im Magazin sehr gern diese Ladenhüter, denn kein normaler Mensch in Rußland interessiert sich für solche »kapitalistische« Artikel.

Nachdem sich unsere Arbeit so gut anließ und auch die Anerkennung der Frau Direktor fand, die einmal diese Räume in ihren Betrieb einbeziehen sollte, bot sie uns an, in der »Stolowaja« auf der anderen Seite der Straße jeden Mittag eine gute Suppe zu bekommen. Das war dann wirklich eine Suppe, nicht bloß geplagtes Wasser! Die Sympathie dieser Frau versuchte ich auch zu nutzen für eine Weihnachtsfeier, die wir demnächst dort halten wollten. Natürlich würden wir im Voraus Überstunden machen, sodaß wir am 24. Dezember ab Mittag unsere Weihnachtsfeier halten konnten. Fest überzeugt, daß sie meine Bitte erfüllen würde, bat ich also um die nötige Erlaubnis. Frau Direktorin erzählte mir begeistert, wie sie früher immer bei deutschen Nachbarn zur Weihnachtsfeier eingeladen war. Aber diese Erlaubnis könne sie mir leider nicht geben, denn das sei eine politische Angelegenheit« und damit Sache der Politabteilung. Zu dem »Polit-Onkel« ging ich natürlich auch hin und trug mein Anliegen vor. Er ging ans Fenster, trommelte dort mit den Fingernägeln und sagte nachdenklich »Roschdestwo,

Roschdestwo, aber das ist doch alles Schwindel!« »Für Sie vielleicht, Herr Kapitän, für uns nicht! Wenn ich meinen Kameraden sagen müßte, ihr dürft nicht Weihnachten feiern, dann wären unsere guten Prozente, überhaupt die positive Einstellung zur Wiedergutmachung für Wochen – vielleicht für immer dahin! Immerhin werden wir hier noch dreieinhalb Jahre nach Kriegsende widerrechtlich festgehalten!« Nach langem Überlegen: »Gut, feiert euer Weihnachten, aber macht es so, daß es nach außen nicht auffällt. Ich bin an diesem Tag nicht da und sehe deshalb nichts!«

Nicht alle waren dafür, Weihnachten zu feiern. »Man soll nicht diesen Verbrechern, die uns auch 1948 noch festhalten, mit einer Weihnachtsfeier zeigen: »Da schaut, wie wir uns wohlfühlen!« Jupp hatte mir sogar gedroht, wenn ich es wagen sollte, eine Weihnachtsfeier zu veranstalten, würde er »mit dem kleinen Hackebeilchen Hackefleisch aus mir machen« (wie man in einem Liedchen von Tito sang). – Natürlich wollten wir den Sowjets nichts demonstrieren. Aber Weihnachten, das war unsere Sache! Und so gingen wir – von Jupp unbemerkt – an die Vorbereitung.

Vor allem Lola war in ihrem Eifer nicht zu bremsen. Zwar hatte sie noch nie eine deutsche Weihnachtsfeier erlebt, aber ihre Eltern hatten ihr auch begeistert davon erzählt. So überlegten wir, was wir jedem einzelnen auf den Gabentisch legen könnten, kalkulierten, und Lola kaufte ein. Natürlich müßten die Tische dann weiß gedeckt sein. Sie hatte irgendwo solches Papier entdeckt. Als wir dann für unsere Kameraden das alles organisiert und eingekauft hatten, fiel mir ein: Halt mal, da gehört doch Lola auch mit dazu! Ja und unsere »Schützlinge« (so nannten wir unsere Wachtposten), die hatten doch auch so mitgeholfen bei unseren Aktionen, und die Frauen in der Küche, die haben uns doch auch immer ihr Wohlwollen gezeigt, und die Frau Direktorin, die muß auch ein Weihnachtsgeschenk von uns bekommen. Auch Kerzen für den Weihnachtsbaum hatte Lola schon besorgt. Und Christbaumschmuck – da hatten wir schon Erfahrung: Die Kameraden aus der Eisendreherei besorgten uns so wunderschöne, glitzernde Eiszapfen aus dem Abfall bei Dreharbeiten. Von der Küche erfuhren wir, daß die Frau Direktorin eine Sonderzuteilung für Weihnachten angeordnet habe. Es gäbe also zwei Gänge, eine gute Suppe und dann noch süßen »Kasch«, Brei. Bei der Gelegenheit teilten wir den Köchinnen mit, daß sie zu unserer Feier eingeladen seien. Ja, aber ob die Posten das zulassen würden? »Sicher, die sind nämlich auch dabei!«

So kam schließlich der 24. Dezember 1948. Bis Mittag wurde normal gearbeitet. Das Vorbereitungs-Komitee war unter dem Kommando von Lola eifrig bei der Arbeit. Sogar Tischkärtchen mit den Namen waren schon gefertigt, ebenso ein Plan, wer bei wem und an welchen Plätzen unsere russischen Gäste sitzen sollten. Von den Brigadieren hatten wir uns sagen lassen, wer mit wem nicht gut zurecht kam, gerade die wurden nebeneinander gesetzt! Ich schaute gelegentlich mal rüber, war aber sonst beschäftigt mit der Vorbereitung einer kleinen Ansprache. Die Weihnachtslieder hatte ich mit einigen Kameraden schon aus dem Gedächtnis aufgeschrieben. Wir würden wieder die einzelnen Strophen vorsagen, dann könnten sicher alle mitsingen.

Mittags schließlich: »Arbeit einstellen, Gerät versorgen, fertig machen zum Mittagessen!«

Schließlich rückten wir in die »Stolowaja« ein, die kaum wiederzuerkennen war. Jupp blieb am Eingang stehen und wußte nicht recht, sollte er oder sollte er nicht. Ich hatte ihn dort erwartet, drückte ihm ein Beilchen in die Hand und sagte: »Aber Jupp, bitte erst nach dem Essen, wir wollen doch beide erst mal genießen!« »Mach' kein Quatsch!« war sein einziger Kommentar.

Beim Kerzenschein des Weihnachtsbaumes suchte jeder seinen Platz, wunderte sich über die Nachbarschaft, ließ aber alles geschehen. Die Frauen der Küche bedienten im Festtagsdress mit weißen Schürzchen und Glitzerdingern im Haar, trugen erst mal auf und setzten sich dann zu uns. Ausnahmsweise sprach ich ein Tischgebet, bei dem ich Gott dankte und all denen, die dieses Mahl vorbereitet hatten. Und dann schmeckte es allen ausgezeichnet – man konnte es hören! – Nach dem Abräumen begann unsere Weihnachtsfeier. Natürlich hatten alle die Wunderdinge, die da um die Teller lagen, schon in Augenschein genommen. Bei etwas abgedunkeltem Saal sangen wir unser »Stille Nacht, heilige Nacht«. Bei der letzten Strophe bemerkte ich, daß der Vorhang der Bühne sich leicht bewegte. Mir war das klar: Ich ging hin und lud unsere Direktorin ein, sich zu uns zu setzen. Nach anfänglichem Zögern tat sie das auch.

Meine Ansprache habe ich leider nicht aufbewahrt. Die hätte aber in meinem Tagebuch durchaus noch Platz finden können. Aber zu dieser Zeit gab es dort keine Einträge. Es drängte sich aber in dieser Runde geradezu das Thema auf: »Friede den Menschen auf Erden, die guten Willens sind, (oder auch) denen Gott sein Wohlgefallen schenkt.« Der Friede, den wir in dieser Stunde erleben durften, war ja ein »Geschenk von oben«, das man nicht einfach nur so machen kann, sondern da war auch das dafür Arbeiten und Sorgen zu dürfen schon ein Geschenk von oben. Es werden wohl nicht viele deutsche Gefangene in Rußland eine solche Weihnachtsfeier erlebt haben. Für uns alle aber, Deutschen wie Russen, wurde diese Weihnacht zu einem realen Erleben des Weihnachtsgedankens »Welt ging verloren, Christ ward geboren!« Wir, die wir doch eigentlich Feinde waren – und uns weiß Gott auch unendliches Leid zugefügt hatten, wir erlebten uns in diesem Weihnachtsfrieden als Geschwister. Aber auch wir Kameraden, die wir uns durchaus nicht immer so freundschaftlich verhielten, wir durften eindrücklich erfahren, daß »der Geist des Herrn alle Menschen zusammenführen kann, weil er jede Sprache kennt« und uns ermöglichte, in seiner Liebe uns zusammenzufinden.

In eine ganz andere Wirklichkeit tauchten wir dann wieder ein, als wir im Lager ankamen: Unser deutscher Lagerkommandant Willi erwartete uns schon am Lagertor. »Alfred, daß das klar ist: Es ist Prikass, und da hilft keine Stänkern und kein Meckern: Alles Gepäck muß sofort zusammengepackt und in der Materialbaracke abgegeben werden!« »Seid ihr denn verrückt geworden, ausgerechnet am Heiligen Abend so ein blödes Theater? Wer ist denn Offizier vom Dienst? »Das ist es ja eben, die Frau Doktor, und mit der sollten wir es nun wirklich nicht verderben!« »Natürlich nicht! Ich werde mit ihr sprechen!« »Du wirst sehen, da ist nichts zu machen. Die Frau Doktor bedauert das auch. Aber Prikas ist Prikas!« Meinen Männern sagte ich: »Keine Aufregung! Geht mal auf die Baracke, tauscht mit euren Kameraden die Weihnachtsgeschenke (manche hatten eingekauft für solche, die nicht in unserem Kommando waren und deshalb weniger Möglichkeiten hatten), und nachher feiern wir Weihnachten, wie wir uns das vorgenommen haben!«

Bei der Frau Doktor, mit der ich mich sehr gut verstand, wurde ich schon erwartet. Sie war nicht nur eine sehr gute Ärztin, sie war auch ein gütiger Mensch. Und wenn ich ihr einen Kameraden vorschlug, der sich mal erholen sollte, erfand sie prompt eine passende Krankheit. Selbstverständlich wollte ich mich mit ihr nicht anlegen, aber ihr war schon klar, daß der Behr mal wieder meutern würde. »Ich kann's doch nicht ändern, das ist doch ein Befehl, der von sehr weit oben kommt!« »Gut, Frau Doktor, verstehe ich sehr wohl. Darum schlage ich vor, ich werde Ihnen schriftlich melden, daß in meiner Kompanie alles abgegeben ist. Dann liegt die Verantwortung doch bei mir!« »Das ist ja gut gemeint, aber ich muß doch kontrollieren und mit dem deutschen Lagerkommandant zusammen bestätigen, daß Kontrolle durchgeführt und das Gepäck tatsächlich abgegeben ist!« »Auch da finden wir einen Weg: Wenn die Vorbereitungen getroffen sind, bitte ich Sie mit Willi zu uns. Dann kontrollieren Sie bitte die Betten, auf die ich zum Zeichen die Hand lege!« »Wenn das mal gut geht!«

Und es ging gut! Einige Kameraden waren bereit, alles zum Nachbarn zu verschieben bzw. unterm Bett zu verstauen. Als Frau Doktor kam, hat man sogar »bereitwillig« den Strohsack hochgehoben. Zwar war unsere Doktorin noch immer etwas ängstlich, aber sie wünschte schließlich allen eine »gute Weihnacht, vor allem die letzte in Rußland – und vergeßt nicht, daß auch hier gute Menschen leben!«

Wir sangen nochmals mit allen zusammen die Weihnachtslieder, und nach einer kleinen Ansprache saß man dann grüppchenweise zusammen und sprach von den Lieben daheim – mit denen man in der nächsten Weihnacht bestimmt zusammensein werde.

Die gute Zusammenarbeit mit Lola, gerade auf Weihnachten hin, brachte es mit sich, daß wir uns auch persönlich näher kamen. Eines Tages überraschte mich Lola mit der Frage: »Warum seid ihr Deutschen anders als die Russen?« Ich verstand zunächst die Frage nicht. »Sind wir denn anders?« »Ja, ihr lügt zum Beispiel nicht!« »Aber Lola, du weißt doch, daß ich den ganzen Tag über nichts so eifrig tue als lügen. Und du hilfst mir doch sogar dabei!« »Ja, aber du würdest nie etwas sagen oder tun, was zu meinem Nachteil wäre, wo ich vielleicht sogar schlimm bestraft würde – auch wenn das ein noch so großer Vorteil für dich wäre!« »Na, das wäre ja auch das Allerletzte!« »Für dich, aber nicht für Russen, warum seid ihr Deutschen so?« »Vielleicht hängt das damit zusammen, daß wir an Gott glauben und deshalb auch ihm Rechenschaft schuldig sind.« »Nein, ich habe deine Kameraden gefragt, ob sie an Gott glauben (sie hatte tatsächlich jeden einzelnen gefragt!), die meisten glauben nicht an Gott!« »Das mag sein. Es kommt aber auch darauf an, *wie* man fragt. Die Kameraden leben – vielleicht unbewußt – aus einer christlichen Lebenshaltung und wissen deshalb, was gut und was schlecht ist. Die meisten werden in Gedanken auch mit Gott sprechen, auch wenn sie das nicht nach außen hin zeigen werden. Sicher hat so ziemlich jeder schon des öfteren gebetet!« »Ja, das muß es sein! Meine Eltern beten nämlich auch – und sind darum auch andere Menschen!«

Das war wohl auch als großes Kompliment für mich gedacht. Erwartete Lola hier eine Liebeserklärung? Nein, das konnte sie eigentlich nicht, denn ich hatte ihr schon gesagt, daß meine Freundin auf mich warte, daß aber auch zwischen uns keine Ehe zustande käme, weil ich Priester werden wolle und so ehelos bleiben müsse. Das wollte ihr einfach nicht einleuchten. Sie machte zwar nie den Versuch, mich davon abzubringen, aber es ergab sich mit der Zeit doch immer mehr eine herzliche Freundschaft. Längst hatte sie mir ja auch erzählt, wie sie eine ganz große Liebe erlebt habe, von ihrem Freund aber schmählich im Stich gelassen wurde – als der erfuhr, daß sie schwanger war. Ihr Kind, ein Töchterchen, sei aber schon nach einem halben Jahr gestorben – und seitdem wollte sie sich niemandem mehr anschließen. Aber darüber habe sie noch mit niemand, nicht einmal mit ihren Eltern, geredet.

Noch waren wir beide sehr zufrieden, eine gemeinsame Aufgabe, die gemeinsame Sorge für unsere Kameraden miteinander teilen zu dürfen. Daß ich schon wußte, daß unsere Aufgabe nur eine vorübergehende – »für die Wintermonate« war, das behielt ich zunächst noch für mich. Ich fühlte, daß der Abschied für Lola sehr schwer werden würde. Auch für mich würde das nicht leicht sein, denn Lola war mir schon sehr ans Herz gewachsen. Der Abschied, der dann plötzlich im März für uns kam, war ein sehr tränenreicher. Auch unsre Männer verabschiedeten sich sehr herzlich von »unserer Mutti«, und da blieb durchaus nicht jedes Auge trocken!

In meinem Brief, den ich am 12. Februar 1992 in der Leningrader »Prawda« veröffentlichen konnte, erwähnte ich auch diese Ludmilla, unsere Lola, der wir sehr viel zu danken hätten. Meine Hoffnung, daß sie unter dem »ganzen Sack voll Zuschriften«, der bei der Redaktion eingegangen war, sich auch melden würde, hat sich leider nicht erfüllt. So blieb der einmalige Briefwechsel vom Lager Sapernaja das letzte Lebenszeichen, das ich von ihr bekam.

Kapitel 10

Sapernaja

April 1949. Immer wieder hatte man uns doch versichert, in diesem Jahr 1949 würden wir endlich entlassen. »Skora damoi!« »Bald nachhaus«. Man konnte das schon bald nicht mehr hören. Und nun auch noch Verlegung in ein neues Lager! Aber da war natürlich die Polit-Propaganda, unterstützt von der willfährigen Antifa mit ihrer jederzeit abrufbaren Allwissenheit und Unfehlbarkeit am Zuge: Wir sollten dieses Lager nur aufbauen – für russische Strafgefangene, die es dann übernehmen würden. Im übrigen habe ja die Entlassung schon begonnen – in anderen Teilen der Sowjetunion, und gegen Ende des Jahres wären dann bestimmt auch wir dran! Nun ja, das Glauben fällt nicht allzu schwer, wenn die Verkündigung mit der eigenen Hoffnung und Sehnsucht so vollkommen übereinstimmt!

Der Umzug vollzog sich an einem sonnigen Apriltag. Ohne »Filzung« (die sonst nicht ohne Beraubung der wenigen Habseligkeiten vor sich ging) durften wir auf die Lkws aufsteigen und in der »Frei-Luft-Klasse« die schöne Fahrt genießen. Im noch unfertigen Lager Sapernaja gab es eine herzliche Begrüßung und ein frohes Wiedersehn mit bekannten Kameraden. Die Baracke war auch weitgehend schon fertig, so daß der Einzug problemlos vor sich ging. Am Abend hieß es »Offiziere raustreten!« Der neue russische Lagerkommandant stellte sich vor: »Kapitän Alyschew« – das war etwas Neues in unserem Gefangenendasein, daß der Lagerkommandant sich uns persönlich – noch dazu uns Offizieren! – vorstellte. Neben ihm stand zwar auch ein Blauer, also einer von der Polit-Abteilung. Aber der sagte nichts oder hatte nichts zu sagen. Es war ihm allerdings anzumerken, daß er nicht gerade begeistert war von der Art, wie der Kommandant auf die Offiziere zuging. Verstanden muß er ja alles haben, denn der Kapitän sprach russisch, und ich als anscheinend einziger Dolmetscher des Lagers mußte übersetzen.

Sein Wunsch, ausdrücklich Wunsch, nicht Befehl, war, wir Offiziere sollten nicht nur als Kompanieführer die einzelnen Baracken übernehmen, wir sollten ihm auch einen von uns Offizieren vorschlagen als deutschen Lagerkommandant. Er lege großen Wert darauf, ein gutes Verhältnis zu uns Offizieren zu haben und sei überzeugt, dann sei auch die Atmosphäre im ganzen Lager gut. Er werde dafür sorgen, daß wir unsere Offiziers-Zulage regelmäßig bekommen, und würde ebenso dafür sorgen, daß die Lieferungen an die Küche ohne jede Störung und Betrug erfolgen. Er werde uns am nächsten Morgen wieder zu sich bitten und erwarte dann unsere Vorschläge. Das klang alles sehr glaubwürdig und verheißungsvoll. Wir vermerkten aber alle, daß der »Blaue« davon nicht begeistert war.

Nach dem Wegtreten berieten wir uns über die Vorschläge des Kapitäns. Mit uns war ja auch Oberleutnant Mader mit seiner gesamten Offiziers-Brigade mitgekommen. Es war aber keiner unter uns, der sich gern auf einen Posten gedrängt hätte. Und selbst die, die meinten, wir sollten auf die Vorschläge eingehen, wollten sich selbst nicht zur Verfügung stellen, sondern waren dafür, daß die Jüngeren solche Posten annehmen sollten. Wir alle hatten schon mehrmals erlebt, daß immer wieder mal eine »Offiziers-Verfolgung« ausbrach. Meistens angestiftet durch die Antifa, wobei diese wahrscheinlich nur auf höhere Weisung handelte. Alle Offiziere wurden dann abgesetzt und mußten in den Brigaden mitarbeiten. Schon in Krasnoje Mysa war mir das mehrmals passiert. Wobei ich selbst darüber gar nicht unglücklich war. Ich hatte so ein ruhigeres Leben! Aber nach wenigen Tagen, spätestens Wochen, brauchte man uns eben wieder und holte uns zurück. Darüber waren wir uns einig: Der Blaue war mit den Vorschlägen des Kapitäns nicht einverstanden. Mit ziemlicher Sicherheit konnte man vorausahnen, daß er seine Macht einsetzen würde, was wiederum eine Hetzkampagne der Antifa auslösen würde. Zwar waren unsere Landser inzwischen gegen solche Hetze gefeit, was nicht hieß, daß sie nicht für einen »Nachschlag« beim Essenempfang auch mal bereit gewesen wären, der Meinung der Antifa zuzustimmen, wobei man ohnehin wußte, »die machen ja doch, was sie wollen!«

Kapitän Alyschew war sehr enttäuscht darüber, daß wir nicht auf seinen wohlgemeinten Rat eingegangen waren. Wahrscheinlich wußte er schon zu dieser Zeit, daß damit der Blaue und seine Antifa einen viel stärkeren Einfluß bekommen würden. Tatsächlich wurde nach wenigen Tagen ein deutscher Lagerkommandant »importiert« und von der Antifa mit Getöse vorgestellt. Natürlich war er damit abgestempelt – daß er noch dazu Sachse war, trug auch nicht zu seiner Beliebtheit bei. Noch weniger, daß er mit Offiziershosen mit Reitbesatz durchs Lager stolzierte und dann doch bald zugeben mußte, daß er »nur« Obergefreiter gewesen sei. Es war unvermeidbar, daß er immer wieder gefragt wurde, wo er denn seine Montur her hatte. Offiziere, die in solcher Kleidung in Gefangenschaft kamen, verloren die guten Stücke schon in den ersten Wochen – wenn sie nicht klug genug waren, sie wenigstens für einen Leib Brot einzutauschen.

Bald erlebten wir auch ein Beispiel dafür, wie der Lagerkommandant verstand, zu guter Kleidung zu kommen. Da hatte doch ein Landser, woher auch immer, eine deutsche Uniformjacke, die noch recht gut aussah und offensichtlich das Wohlgefallen des Lagergewaltigen erregte. Dieser Landser kam ins Krankenrevier, wo er seine Klamotten abgeben mußte und dafür spezielle Krankenkleidung bekam. Der Sani verriet ihm, daß der von allen inzwischen gehaßte »Sochse« seine Jacke kassiert und einen alten Fetzen dafür hinterlassen hatte. Der Kranke bat mich zu kommen. Den Tränen nahe berichtete er mir über den Verlust des einzigen Stücks, auf das er so stolz war. Ich versprach ihm zu helfen – unter der Bedingung, daß er seine weinerliche Miene aufgab und feste Entschlossenheit zur Schau stellte. Als erstes mußte er die Annahme des Abendessens verweigern. Der Sani und ich würden schon dafür sorgen, daß er nicht verhungerte. Das tat er – und wurde in der Nacht gut versorgt. Am Morgen, als der Offizier vom Dienst die Kranken im Revier zählte, mußte der Sani den Verweigerer melden. Der Offizier erhob ein Mords-Geschrei und verlangte den Dolmetscher. Ich mußte erst mal das armselige zitternde Würstchen aufmuntern – durch einen kräftigen Anpfiff. Ich tat, als würde ich erst jetzt von der Sache erfahren, dabei machte ich ihm klar, daß nichts passieren würde, wenn er nur glaubhaft sich weigert zu essen – ich würde dann schon das Richtige sagen. Der Offizier ging zu Kapitän Alyschew; der ließ mich rufen. Ob ich den Mann kennen würde. »Ja, der Kerl hat einen eisernen Willen: Der verhungert lieber, als daß er nachgibt! Im übrigen, Herr Kapitän, der Mann ist ja im Recht. Der deutsche Lagerkommandant hat ihm seine Jacke weggenommen!« »Egal, der hat zu gehorchen! Er zieht sofort seine Klamotten an und wird zu seiner Brigade auf die Baustelle gebracht. Dann wird er am Abend schon Hunger haben! Wenn er nicht ißt, wird er eingesperrt und geht am Morgen wieder zur Arbeit! So lange, bis er endlich essen wird! Sagen Sie ihm, das sei Prikass!« Auch im Lagerbunker versorgten wir ihn bestens. Am nächsten Morgen fragte mich der Kapitän: »Hat er jetzt gegessen?« »Herr Kapitän, der wird nicht essen, selbst wenn er vor Schwäche umfällt!« »Wir gehen jetzt zu ihm auf die Baustelle, dort ist eine Stolowaja, ich biete ihm an, dort zu essen.« Wir gingen miteinander auf die nahe Baustelle. Ich ließ den Kameraden rufen – und verpaßte ihm gleich mal einen Anpfiff: Mensch, reiß dich zusammen, komm nicht daher wie eine Trauerweide, wie soll man dir sonst glauben, daß du wirklich zu deinem Wort stehst? Für den Kapitän hörte sich das an, als bekäme er von mir eine Strafpredigt, dafür, daß er sich immer noch weigerte zu essen. Er schlug deshalb einen versöhnlicheren Ton an: Er verstehe ihn ja, aber nun sei es genug. Er lade ihn jetzt ein dort drüben in die Stolowaja. Dort bezahle er selbst ihm ein gutes Essen. Das solle er sich schmecken lassen, und dann sei der Fall erledigt. Ich übersetzte mit dem nötigen Kommentar und ermahnte ihn, endlich mal glaubhafte Haltung anzunehmen und klar und deutlich »Nein!« zu sagen. Das tat er schließlich – trotz schlotternder Knie. Der Kapitän schrie ihn an, er solle an seine Arbeit gehen – er werde es noch bereuen, sein gutes Angebot nicht angenommen zu haben.

Auf dem Rückweg zum Lager sagte mir der Kapitän: »Ich kann doch jetzt nicht nachgeben, sonst verliere ich den Respekt aller Deutschen!« – »Das sehe ich anders, Herr Kapitän. Schon lange sagen die Männer, wenn der Kapitän wüßte, was da dahintersteckt, dann hätte er längst Ordnung geschaffen. Sie sehen, Sie haben ein hohes Ansehen bei den Kameraden! Die trauen Ihnen zu, daß Sie das Richtige tun.« »Und das wäre?« »Ich würde vorschlagen, beim Zählappell den deutschen Lagerkommandanten wegzuschicken, er solle die Jacke holen. Fragen Sie dann den Mann: Ist das deine Jacke? Dann soll der andere sagen, wie er dazu kommt, ihm die Jacke wegzunehmen. Herr Kapitän, sprechen Sie dann Recht! Und ich versichere Ihnen, noch in vielen Jahren werden die Kameraden erzählen: Das war ein richtiger Offizier!« Im stillen hoffte ich, daß der Blaue an diesem Abend nicht da sein würde. Nachdenklich ging er auf sein Büro – ich an meine Arbeit.

Am Abend ließ er mich rufen: Gehen wir zum Appell. Tatsächlich ließ er den Lagerkommandanten das gute Stück holen – wobei ich mit dem nötigen Nachdruck übersetzte! Der Mann bestätigte, ja, das sei seine Jacke! Und nun sollte der so beliebte »Sochse« erklären, wie er dazu käme. »Ja, der sei ja ein schlechter Arbeiter, und der hätte diese Jacke wohl selbst gestohlen« usw. – Heftige Protestschreie der Kameraden! Der Kapitän nahm ihm die Jacke aus der Hand, gab sie dem rechtmäßigen Besitzer zurück, und dann laut und deutlich: »So etwas darf in meinem Lager nie wieder vorkommen! – Kommandant, wir sprechen uns noch!« – Beifall des ganzen Lagers! – Und die Strafpredigt, die ich nachher dem Lagerkommandanten übersetzen durfte – das war für mich »ein innerer Reichsparteitag!«

Da waren natürlich auch die Mitglieder des Antifaschistischen Komitees dabei. Die haben das sicher bei erster Gelegenheit dem Blauen erzählt, was meinem Ansehen bei ihm wohl nicht förderlich war.

Das sollte ich auch bald zu spüren bekommen: Willi Albrecht hatte ganz in der Nähe einen wunderschönen kleinen See entdeckt. Ob ich nicht mal den Kapitän um Erlaubnis fragen könnte, daß man da abends zum Baden gehen dürfte. Da der Kapitän unsere Arbeitsleistung an der »Sten-Gasetta«, der Wand-Zeitung, sehen konnte, und auch sonst von unserer guten Arbeit immer wieder hörte, schlug ich ihm vor, als besondere Auszeichnung für Bestarbeiter jeweils abends unter der Verantwortung eines deutschen Offiziers, der sein Ehrenwort geben würde, daß alle zurückkamen, einer Gruppe von Bestarbeitern diese Auszeichnung zu genehmigen. – Der Kapitän: So gern er das genehmigen würde, so sehr er überzeugt sei, der begleitende Offizier wäre zuverlässig, aber das sei nun mal wieder Sache der Polit-Abteilung! Und der Blaue sagte natürlich: »Njet!« – Zunächst mal! Aber ich ließ ihm keine Ruhe: Er solle den Arbeitern selbst erklären, warum er ihre »Leistung am sozialistischen Aufbau« nicht anerkennen wolle – was man doch wohl von ihm am ehesten erwarten dürfte. Er beriet sich mit dem »Antifa-Aktiv« und heraus kam, *die* wollten die Bade-Teilnehmer aussuchen, und von *ihnen* sollte einer als *Konvoj* dabei sein! Unter vier Augen konnte ich dem Blauen klarmachen: Die sogenannten Aktivisten kennen weder die Arbeit, noch weniger die wirklich guten Arbeiter. Und wer von *denen* ausgesucht wird, der verzichtet wahrscheinlich lieber! – Gut, man machte mal die Probe aufs Exempel Die Antifa wählte aus und lud ein. Wir hatten natürlich schon dafür gesorgt, daß der Hintergrund dieser Angelegenheit allgemein bekannt war. So haben die meisten gleich dankend abgelehnt. Es ging also nur ein kleines Grüppchen von Antifa-Freunden, die dann aber zu ihrem Schrecken erkennen mußten, wie sehr sie sich so als Sympathisanten offenbarten. Ich glaube, die gingen nur ein einziges Mal baden! Ich bekam den Auftrag, den Blauen zu fragen, ob er wirklich mit der Arbeitsleistung dieser angeblichen Bestarbeiter zufrieden sei, dann könnten wir anderen uns ja auch mit weniger Leistung zufrieden geben. Leicht konnte ich da mit konkreten Zahlen aufwarten. Der Blaue mit samt seiner Clique schäumte zwar vor Wut – aber er mußte schließlich doch nachgeben. Aber, wenn einer »Trapp, trapp« machen sollte, dann wird der verantwortliche Offizier sofort erschossen! »Wirklich nur einmal? – Wir hatten schon damit gerechnet, er würde gleich dreimal erschossen werden!«

Das verstärkte natürlich unsere gegenseitige »Hochachtung« sehr, und es war vorauszusehen, daß der nächste Angriff nicht lange auf sich warten lassen würde. Mein großes Plus war, daß ich wirklich der einzige Dolmetscher im Lager war – selbst die Antifa brauchte mich gelegentlich.

Kommt da eines Tages so ein Knülch von der Zentrale der Antifa in Leningrad. Grabowsky war sein Name. Er hatte wohl erwartet, daß ich vor Ehrfurcht gleich hochspringen und mit angelegten Ohren Ehrfurcht mimen würde. Ich nahm seine Vorstellung im Sitzen, mit kurzem Aufschauen, zur Kenntnis, stellte mich vor als Normirowtschik, angestellt von der Lagerleitung und der Russischen Straßenbau-Firma DSU. »Ja, und doch auch Antifa-Mitglied!« »Ja, aber dazu hat man mich gemacht, ohne mich zu fragen!« – Egal, jedenfalls sollte ich jetzt mit ihm zum Lagerkommandanten, Kapitän Alyschew, gehen und dolmetschen. »Gut, aber diese angefangene Arbeit muß ich erst fertigmachen, denn der Kapitän wartet darauf!« – Eigenartig, wußte denn der nicht, daß der Blaue heute gar nicht da war – oder war das sogar so abgesprochen? Jedenfalls ließ ich ihn erst mal im eigenen Fett schmoren – länger als notwendig gewesen wäre. Aber er sollte sehen, daß er nicht mein Vorgesetzter war.

Schließlich stellte ich ihn dem Kapitän vor – so allerdings, daß der gleich merken mußte, der war nicht mein Freund. Grabowsky wollte sich setzen; Alyschew fauchte ihn sofort an: »Das tut man bei uns nur, wenn man aufgefordert wird!« Also, was sei sein Anliegen? Im Lager gebe es einige schlechte Menschen, die man in Deutschland beim Aufbau des Sozialismus nicht brauchen könne. Der Herr Kapitän möge bitte dafür sorgen, daß die nicht nach Deutschland kämen, sondern nach Sibirien geschickt würden! »Und du glaubst, daß ich das übersetzen würde? Da hast du dich aber getäuscht! Nee, so ne dreckige Schnauze habe ich nicht und werde sie nie haben!« Er herrschte mich an, ich sei hier der amtliche Dolmetscher, und ich hätte ... Wir bekamen den heftigen Streit, den ich wollte. Der Kapitän sah sich inzwischen die Liste an, die er ihm gegeben hatte. Schließlich: »Was will der eigentlich?« »Herr Kapitän, ich kenne Sie und weiß, wie Sie diese Sache beurteilen. Aber was der da sagt, das werde ich nie übersetzen!« Schließlich radebrechte Grabowsky selbst: »Plochoi tewschelowek! Nix Germania, nada na Sibir!« Alyschew mußte sich von mir bestätigen lassen, daß er tatsächlich recht verstanden hatte. Nach einigen Minuten, in denen seine Zornesadern sichtbar anschwollen: »Sagen Sie diesem angeblichen Deutschen, der weder Kommunist noch Antifaschist ist, sagen Sie ihm: Ich war in deutscher Kriegsgefangenschaft. Wenn ich dort meinen Todfeind getroffen hätte, dann hätte ich ihm – wenn ich keine andere Möglichkeit gefunden hätte – vielleicht die Gurgel durchgebissen. Eines aber hätte ich nie getan: ihn an die Deutschen ausgeliefert! So etwas bringt nur ein Schwein fertig!« Jetzt habe ich natürlich eifrig gedolmetscht – mit ausgiebigem eigenem Kommentar dazu! »Uchodi!« zu deutsch: »Rrrraus!« Grabowsky schlich mit eingezogenem Schwanz davon. Mir zeigte der Kapitän seine Liste: 1. Albrecht, Willi; 2. Behr, Alfred und so noch mehrere Dutzende. »Wußten Sie um Ihren Ehrenplatz?« –»Gewußt nicht, aber das konnte ich mir denken!«

Ich benutzte die Gelegenheit, dem Kapitän mal einige Gedanken unterzuschieben: »Warum nehmt ihr Russen nur solche Kreaturen in euren Dienst! Ihr glaubt doch nicht im Ernst, daß die uns übrigen Gefangenen den Sozialismus näherbringen werden? Ganz im Gegenteil! Wenn in einem »Neuen Deutschland« (wir kriegten gelegentlich eine Zeitung, die sich so nannte) solche Kerle das Sagen haben sollten, dann wissen wir, daß wir abermals von Verbrechern regiert und ausgebeutet werden. Ist es denn so schwer, zu erkennen, daß die euch nur »nach dem Mund reden«, um Verpflegungs- und andere Vorteile zu haben? – Angeblich waren die Kommunisten. Wären sie es wirklich gewesen, dann hätten sie in Gefängnissen und Konzentrationslagern gesessen. Gewiß, es gab schon einige tapfere und dann meist auch beliebte Leute. Was ich bis jetzt an angeblichen Kommunisten hier erlebt habe, das waren nur charakterlose Kerle, die für ein Stück Brot ihre Kameraden verkauft haben. Die liefen vielleicht schon hinter einer roten Fahne her – die hatte nur dummerweise ein schwarzes Hakenkreuz in einem weißen Feld!« – Doch halt, einen Kommunisten habe ich kennengelernt. Der gestand mir: »Als Kommunist glaubte ich weder an Gott noch an einen Teufel. Aber hier, wo ich den »Diabolus« (griechisches Wort für Teufel = »der Durcheinanderwerfer«) am Werk sehe, da ist mir klar: Es muß auch einen Gott geben, sonst wäre die ganze Welt ein einziger Unsinn oder aber eine große Fehlkonstruktion.« Nur, dieser Kamerad sagte niemandem, daß er Kommunist gewesen sei!

Kapitän Alyschew: »Sie haben sicher in vielem recht. Nur liegt hier alles in den Händen der NKWD – die entscheidet immer richtig, denn die weiß alles besser! Wir anderen sehen schon, was da manchmal so eigenartig läuft. Sehen darf man, aber nicht laut darüber reden!«

Ansonsten lief die Arbeit – und die Lohnverrechnung schon in guten Bahnen. Die Brigadiere wußten, um was es ging und brachten mir gute Arbeitsbescheinigungen. Trotzdem war es nicht möglich, für alle Geld herauszuholen. Entweder waren die Normen zu hoch, oder die Arbeit war so schlecht bezahlt, daß eben die an das Lager abzuführenden 465 Rubel nur selten erreicht wurden. Mit einigen Verrenkungen konnte man natürlich einzelnen besonders gut bezahlte Arbeit dazurechnen, aber dann bekamen eben die Geld – und die anderen, die vielleicht sogar mehr arbeiten bzw. »zuarbeiten« mußten, gingen leer aus.

Typisches Beispiel dafür: Der »Stachanow-Maurer« bekam den Ziegel in die Hand gegeben. Mit einem Hämmerchen setzte er diesen auf den Speis, den andere zubereitet, hergebracht und auf die Mauer aufgetragen hatten. Andere hatten ihm die Schnur gespannt, sodaß mit dem Hämmerchen nur kurz der Ziegel ausgerichtet wurde – und schon mußte der nächste Ziegel ihm in die Hand gegeben werden. So verdienten dann die Zu- oder Hilfsarbeiter – auch wenn das Russen waren – manchmal weniger als 300 Rubel. Der Stachanowtschik aber verdiente eine ansehnliche Summe, die dann in Presse und Funk gefeiert wurde. Wie viele andere dabei dann unterdrückt und ausgebeutet wurden, nun, die sah man nicht und die gab es ja in diesem System sowieso nicht.

Dieses System wirkte sich im Gefangenenlager besonders schlimm aus, denn wer die 456 Rubel im Monat nicht erreichte, bekam nicht etwa weniger als russische »Schwarzarbeiter« = ungelernte Arbeiter, sondern die bekamen eben – gar nichts! Am meisten aber ärgerte mich, daß auch die »Rubelverdiener« nur dadurch zu ihrem Geld kamen, daß schon die Brigadiere und, erst recht ich, schwindelten auf Teufel komm raus! Das war gefährlich, denn jeden Tag konnte das auffliegen und dann war mindestens mir Sibirien für den Rest meines Lebens sicher! – Ich besprach dieses Problem mit Willi Albrecht und den anderen Brigadieren. Die meisten sahen die Sache so wie wir beiden – aber, »da kann man halt nichts machen, das liegt eben so in diesem System!«

Kann man sehr wohl! Ich dachte und rechnete mit Willi die ganze Sache durch. Das ging nur, wenn die »Verdiener« zwar den Empfang unterschrieben, dann aber den Betrag in eine gemeinsame Kasse gaben, aus der dann nach einem bestimmten Schlüssel jeder zugeteilt bekam: die »Spezialisten« drei Anteile, die ungelernten Arbeiter zwei Anteile, alle anderen und auch die, die einige Tage krank gewesen waren, noch einen Anteil! Praktisch hieß das, daß wir in unserem Lager eine *Krankenkasse* gehabt hätten! – Das hat es sicher in keinem anderen Lager in Rußland gegeben!

Aber auch bei uns war das äußerst problematisch, ob es überhaupt durchzusetzen war? Auch bei den Brigadieren war das nur erreichbar, wenn sie selbst als Spezialisten eingestuft wurden! Aber da waren ja nicht nur einige Verdiener in einer Brigade; es gab ja auch Brigaden, bei denen niemand etwas verdienen konnte. Sollten die vom System ausgeschlossen werden?

Und da war auch noch das Problem, daß ich dies den Russen klarmachen mußte. Denn damit mußte ich rechnen, daß wenigstens einige sich beim Russen beschweren würden! Bei Kapitän Alyschew hatte ich da keine Bedenken, denn dem hatte ich schon klargemacht, daß die Zufriedenheit und die Arbeitsleistung der Kameraden umso besser war, je mehr wir verdienen konnten – und umso mehr Geld erhielt dann auch die Lagerleitung. Das stimmte zwar nicht ganz, denn alles, was an Gefangene ausbezahlt wurde, ging praktisch vom Lageranteil ab. Aber da wir im Vergleich mit anderen Lagern eine gute Pfründe waren, wollte man da gar nichts Näheres wissen, man hätte es ja doch nicht kapiert!

Das Schwierigere war, dies dem Blauen – und seiner Antifa – klarzumachen. Da mußte man schon sehr geschickt oder dialektisch vorgehen.

»Also, Herr Kapitän, das große Plus der UdSSR ist es doch, daß jeder Arbeiter seinen Lohn bekommt!« »Da, da.« »Und daß auch der, der krank wird, von der sozialistischen Gesellschaft mitgetragen wird – damit er wieder gesund wird und wieder in die Arbeitsfront sich einreihen kann.« »Da, da.« »Soweit ich das sehen kann, ist da der Arbeiter- und Bauernstaat Sowjetunion Vorbild und Ideal für alle Werktätigen der ganzen Welt!« Sein »Da, da« wurde immer lebhafter und begeisterter. »Und Sie wünschen sicher, daß wir diese starken Eindrücke mit nach Deutschland bringen können und dort allen Werktätigen diese unsere Erfahrung des gelebten Sozialismus in der UdSSR weitergeben können.« »Da, da, da!«

»Nun gibt es da gewisse Schwierigkeiten: Für Kameraden, die alles nur aus der Perspektive des Stacheldrahtes sehen – zudem dreieinhalb Jahre nach Kriegsende und immer noch in Gefangenschaft –, da haben es manche Kameraden schon schwer, noch die rechte Sicht zu haben. Zugegeben, Sie – und mit Ihnen die Antifa – geben sich ja alle Mühe, uns die richtige Sicht, sozusagen den dialektischen Durchblick, zu vermitteln. Das aber ist nicht immer einfach, wenn der einzelne Arbeiter zwar arbeitet, aber dann sehen muß, daß er leer ausgeht, weil er den

Monatsverdienst von 456 Rubeln nicht erreicht, den er ja für Kost und Wohnung dem Lager überlassen muß. Da sehe ich die Gefahr, daß er einmal in der Heimat berichten wird: ›Wir mußten arbeiten, haben aber keinen Lohn bekommen!‹ Um diese Härte auszugleichen, haben wir ein System ausgedacht, das allen Anteil am Arbeitslohn geben wird – was im übrigen natürlich auch die allgemeine Arbeitsmoral und Arbeitsfreude heben wird, und das ist doch das Anliegen, das sowohl Sie, wie auch ich und die Brigadiere gemeinsam haben. Um dies nun in die Wirklichkeit umsetzen zu können, werden wir in einer Arbeiterversammlung die Einzelheiten darlegen und um allgemeine Zustimmung werben. Dabei wäre es uns von großer Hilfe, wenn Sie bei dieser Versammlung wenigstens sagen könnten: ›Wir haben keine Einwände, nichts dagegen!‹«

Da staunte doch der Blaue – und noch mehr die Antifaschisten, was ich doch für ein guter Sozialist geworden war. Der Blaue meinte nur: »Sie sind eben hier auf der Hochschule des Lebens!« Ich antwortete: »Sie wissen gar nicht, wie recht Sie haben!«

Die Lagerversammlung gestaltete sich allerdings dann schwieriger. Natürlich wollten die »havings«, wie überall auf der Welt, nicht teilen mit den »having nots«. »Wir wollen das haben, was uns zusteht!« »Dann müßt ihr euch allerdings einen anderen Normirowtschik suchen, denn ich bin nicht bereit, täglich den Buckel hinzuhalten, damit einige sich den Wanst vollschlagen können, und die anderen hungern daneben!« Die Mehrheit gab Beifall. Aber da die Großverdiener zum Einlenken nicht bereit waren, verkündete ich, daß ich einen Monat lang genau nach Vorschrift abrechnen würde. Sie würden dann schon sehen, was ihnen wirklich zusteht. Schon bisher mußte ich ja auch für die Großen einiges manipulieren – nur konnte ich das nicht so vor der Allgemeinheit ausbreiten. Bei dieser Haltung mußte ich aber damit rechnen, daß man zum Russen laufen und sich beschweren würde. Auch Willis energisches Auftreten bewirkte keinen Gesinnungswandel.

Und so gab es also für einen Monat keinerlei Auszahlung!

Großes Geschrei! Natürlich lief man zu Kapitän Alyschew. Der aber tippte nur an die Stirn und sagte: »Kapiert ihr denn immer noch nicht, wem ihr euren ›Verdienst‹ verdankt?« Auch beim Blauen versuchte man Einspruch anzubringen. Der gab aber ehrlich zu, er verstehe nichts von Lohnverrechnung, da sollten sie doch zum Arbeitsminister, einem Oberleutnant, gehen. Der aber hatte meine Abrechnungen pflichtgemäß unterschrieben – obwohl er nichts davon verstand. Er mußte also sagen: »Alles in Ordnung, ich habe selbst alles geprüft!«

Ich glaubte, nach einem Monat wieder zu normaler Abrechnung zurückgekehrt zu sein. Willi aber wußte es besser: »Nein, wir müssen zwei Monate durchhalten!« Dann aber war man mit meinem Vorschlag einverstanden. Und es war erstaunlich, daß die Reichen gar nicht so viel weniger bekamen, obwohl nun auch das »Proletariat« zu Rubeln kam. Das lag daran, daß manche Brigaden wirklich sehr gut verdienten, wie etwa Hans Mader mit seinen »Asphaltspezialisten« oder Willi Albrecht mit seiner Offiziersbrigade beim Aufbau einer zerstörten Ziegelei. Beide Brigadiere hatten ja inzwischen Routine nicht nur bei der normalen Arbeitsorganisation, sie wußten auch sehr wohl, die Prozente durch »Eigenarbeit« zu steigern; den Rest tat dann notfalls der »Normirowtschik«. Wie viele Umgehungswege Mader zusätzlich gebaut hat und wie viele Potemkinsche Bauwerke Willi Albrecht erstellte, das wird in keinem Geschichtsbuch je festgehalten werden!

Mitunter aber fand ich auch in diesem russischen Normbuch, nach dem alles abgerechnet werden mußte, erstaunliche Normen. Da konnte man doch Ziegelsteine, die aus altem Mauerwerk herausgeklopft werden mußten, sofern sie nicht nur auf Zement, sondern mit einem speziellen Mörtel gemauert worden waren, zu einer unglaublich niedrigen Norm heraushauen: Nur etwa ein halbes Dutzend pro Mann und Tag! Der Name des Mörtels war angegeben, aber niemand konnte mir sagen, was das eigentlich war – also wußte nur ich ganz genau, daß dies eben der Mörtel war, mit dem das Ziegelwerk, aus dem wir die Ziegel holten, gemauert war. Selbstverständlich bestätigte mir der Bauspezialist Willi meine »Diagnose«, sein zuständiger Aufseher glaubte uns beiden Fachleuten und bestätigte in den Arbeitsberichten diesen »speziellen Mörtel«. Das hatte nun zur Folge, daß die Gruppe, die hier arbeitete, in wenigen Tagen für den ganzen Monat schon ihre Norm weit übererfüllt hatte. Also mußte sie abgelöst werden von einer Gruppe, die sich schwer tat, auf Prozente zu kommen. Das gab anfangs Proteste, aber Willi renkte die Sache ein. So konnten mehrere Brigaden Gastarbeiter abstellen und durch sie für alle die Norm schaffen. Das hatte den Vorteil, daß diese Arbeit in kleineren Einheiten abgerechnet werden konnte – in verschiedenen Brigaden, dadurch fiel es nicht so sehr auf, daß diese neu gewonnenen Ziegelsteine den sechsfachen Preis eines neuen Ziegels kosteten. Anja, meine neue Chefin in Sapernaja, hatte das zwar ausgerechnet, aber da es so im Normbuch stand, war es eben »sakon«, Gesetz.

Andere Brigaden taten sich da schwerer. So mußte Friedrich Hess mit seiner Brigade in Kolpino am E-Werk Schlacke aufladen, eine dreckige, staubige Arbeit, wobei in 12 Minuten eine Maschine beladen sein sollte. Das war zwar nicht zu schaffen, aber für solche Fälle schickte der Himmel einen Engel, in diesem Falle Wera. Nicht nur ein hübsches Mädchen, sondern auch noch eine Aufseherin mit Herz. Sie bestätigte Friedrich grundsätzlich, daß seine Normen erfüllt und übererfüllt waren. Beim Abladen auf dem Straßenbau half ihm ein gutmütiger alter Mann als sein Chef. Er bestätigte regelmäßig, daß er als Unterbau für die später zu bauende Straße weit über das Doppelte an Schlacke eingebaut habe – als überhaupt angefahren wurde. Schließlich gab ihm Wera noch einen besonders wichtigen Tip: Da er mit seiner Brigade mittags wegen der großen Entfernung zum Lager nicht heimkommen konnte, standen ihm pro Mann täglich drei Rubel zu. Sie verriet ihm auch, wo er das einfordern sollte – er sollte aber nicht sagen, wer ihm den Tip gegeben habe. Prompt wurde er natürlich gefragt, woher er das wisse. Friedrich schlagfertig: Das spiele doch wohl keine Rolle. Aber es gebe in der Sowjetunion Leute, die verpflichtet wären, dafür zu sorgen, daß Gesetze eingehalten werden und der Arbeiter das bekomme, was ihm zusteht. Das wirkte dann sehr schnell, und Friedrich und jeder seiner Männer bekam 3 Rubel pro Tag. Das reichte zu dieser Zeit für ein Kilo Brot! – Darum wären weder Friedrich noch seine Männer bereit gewesen, diese an sich schmutzige Arbeit an einen anderen abzugeben. Sein Aufseher, von dem Friedrich heute noch sagt, er sei wie ein Vater zu ihm und seinen Männern gewesen, zeigte ihm übrigens auch noch, wie man die Prozente durch zusätzliche Leistungen aufbessern konnte – »durch Vorbereitung des Untergrundes für den Bau der Straße«. Später bekam er es aber mit der Angst: Mit unserer vorbereiteten Straße müßten wir bald in Wladiwostok ankommen!

Ja, da hatte ich also nun auch in Sapernaja wieder eine Chefin, die eigentliche Normiererin – ich war ja offiziell nur ihr Gehilfe. Anja war ein junges natürliches Mädchen aus der Ukraine. Sie hatte gerade die Spezialschule hinter sich und trat bei uns ihre erste Stelle an. Für das, was sie an Fachwissen mitbrachte, gab es bei uns keine Verwendung. Das mußte sie sehr bald einsehen. Im übrigen sah sie ja auch, daß der untergebene »Wojna Plenni« recht gut arbeitete, und auch von den verschiedenen »Natschalniks« recht anerkannt war. Also widmete sie sich ihrer Lieblingsbeschäftigung, sie sang ein Lied nach dem anderen – und träumte dabei von ihrer Heimat. »Daleko, daleko, gde katschujut tumani« – »Weit, weit in der Ferne, wo die Nebel die niedrigen Häuschen bedecken ...« Dabei gingen ihre Augen in weite Fernen, und es war nicht schwer zu erraten, daß sie die ferne Heimat sahen. Mir war ihr Gesang nicht unangenehm, wenn auch jedes ihrer Lieder neunundneunzig Strophen zu haben schien. Wenigstens störte sie mich nicht in meiner Arbeit – wenn sie mir auch nur selten einmal helfen konnte.

Einen Wunschtraum vertraute sie mir noch an. Sie schwärmte geradezu von einem »Kostjum«, einem Kostüm, das sie sich demnächst kaufen könnte. Ja, ja, da sparte sie schon lange dafür – und jetzt in einigen Wochen war es endlich soweit: Anja würde ein neues »Kostjum« besitzen und tragen können! Leider aber hat sie von ihrem Sparstrumpf nicht nur mir erzählt. In ihr einfaches Barackenzimmer, das ihr zugeteilt worden war, konnte ohne große Mühe jeder eindringen. Und so kam Anja eines Morgens an – und lachte, lachte, lachte. »Was ist los, Anja, hast du das große Los gewonnen?« Das Gegenteil war passiert: Heute hätte Anja die letzten 50 Rubel zu ihrem Schatz legen und am Abend ihr Traum-»Kostjum« erwerben können – und genau gestern hatte ihr ein Dieb die ganze Sparsumme geklaut! »Ja und da lachst Du?« »Na, ist das nicht lustig, daß der genau zugewartet hat, bis fast die volle Summe zusammen war, und da hat er nun zugeschlagen!« »Aber Anja, das ist doch sehr traurig!« »Eigentlich ja« – und dann heulte sie für den Rest des Tages. Aber Anja fing von neuem zu sparen an. Den ersten Fünfziger hatte sie ja schon.

Eines Tages kam da so ein Kerl in Zivil an. Setzte sich, als ob er dazu das größte Recht hätte. Fing an zu reden und hörte nicht mehr auf: Was wir Deutschen an Unglück über die blühende Sowjetunion gebracht, welche grauenvollen Verbrechen wir begangen hätten. Anja mußte anscheinend wissen oder wenigstens ahnen, was das für ein Kerl war. Mir wurde das zu dumm, deshalb schlug ich ihm vor, er möge doch bitte seinen Vortrag bei Leuten weiterführen, die Zeit hätten, ihm zuzuhören. Wir beide seien sehr engagiert am »Aufbau des Sozialismus«, und dabei möge er uns doch bitte nicht stören! Er schnaubte vor Wut, hatte aber im Moment nichts anderes entgegenzusetzen als: »Das wollt ihr Faschisten natürlich nicht hören!« Aber die Genossin soll mal mitkommen! Erst nach Stunden kam Anja – mit verheulten Augen zurück. »Was ist los?« »Du hättest ihn nicht so ärgern sollen!« Weiter war nichts aus ihr herauszukriegen. Aber nun wurde Anja tagtäglich mehrere Wochen lang von diesem Finsterling offenbar verhört. Erst Monate später, als der Kerl wieder verschwunden war, erzählte sie mir die ganze Geschichte.

Sie mußte ihre Lebensgeschichte erzählen – der Kerl machte dabei eifrig Notizen. »Ist das alles?« »Was verschweigen Sie uns?« Der Kerl kannte eine andere Lebensgeschichte von ihr:

Sie habe mit den Deutschen zusammengearbeitet, habe Partisanen den Deutschen verraten, die dann verhaftet und erschossen wurden. Habe Funktionäre der Partei verraten, und sei so an ihrer Ermordung schuldig geworden usw. – Dabei war sie damals 16 Jahre alt gewesen! Sie solle nun mal eine Nacht darüber nachdenken und am nächsten Tag eine schriftliche – und wahre Lebensgeschichte abliefern! Da habe ich mich nicht mehr gewundert, daß Anja tagelang richtig verstört war. Das sei doch alles gar nicht wahr, sie habe die Deutschen doch gehaßt und nie für sie gearbeitet! Na, dann solle sie sich mal diese Geständnisse ansehen. Sie kenne doch den Sowieso und den Sowieso? Natürlich, das waren doch Nachbarn oder sie wohnten im gleichen Dorf. Unglaublich, was die alles »zu Protokoll« gegeben hatten. Und sie hatten das sogar unterschrieben!

Später fand Anja eine Entschuldigung für diese Leute: Wenn die genau so unter Druck gesetzt worden waren wie sie jetzt, dann brauchte man sich nicht zu wundern, wenn sie alles »gestanden«, was die NKWD wollte. Aber was wollten die denn nun konkret von Anja? Das wurde ihr erst am Ende dieser »Gehirnwäsche« offenbart. Sie sei also eindeutig eine Feindin des Sozialismus und damit des Volkes gewesen! Aber gut, sie war damals noch zu jung und zu dumm, um das alles klar zu durchschauen. Aber sie müsse jetzt beweisen, daß sie wirklich eine Patriotin sei. Aber das tue sie doch Tag für Tag durch ihre Arbeit für den sozialistischen Aufbau! Das sei noch zu wenig. Das werde ihr ja auch bezahlt – wie in keinem anderen Land der Welt. Aber sie bekomme nun einen Auftrag, bei dem sie ihren Gesinnungswandel beweisen könne:

Sie solle sich an den Ingenieur Sowieso heranmachen und herausfinden, was er zu bestimmten Zeiten an bestimmten Orten getrieben habe. Mit wem er Kontakte hatte. Durch Bettgeflüster oder wie auch immer dürfte das für sie nicht allzu schwer sein. Sie habe dazu ein halbes Jahr Zeit – aber auch nicht länger. Wenn sie dann nicht die erwünschten Resultate bringen würde, dann solle sie sich gleich warm anziehen für ein Lager droben, am Eismeer! Anja: »Nein, das tue sie keinesfalls, da könne man sie gleich hinschicken!« »Nein, das tun wir nicht, denn wir wissen, in einem halben Jahr werden Sie Vernunft angenommen haben – vor allem, wenn Sie sich über das Leben in der Eismeer-Wüste erkundigt haben!«

Kein Wunder, daß von da an Anja eben nicht mehr das fröhliche, natürliche Mädchen war! – Aber das ging nicht nur Anja so: Alle Mitarbeiter der Firma wurden der Reihe nach »geistig gefilzt«! Als ich mal unseren gutmütigen Aufseher Sascha allein auf einem Stamm sitzen sah – den Kopf zwischen den Fäusten, setzte ich mich zu ihm: »Gell, Sascha, Du wirst auch durchgeknetet?« »Das geht doch nun schon so mein ganzes Leben lang!« – Unser Buchhalter: »Was soll ich denn denen noch über meine Frau erzählen? Die wissen doch schon alles! Drum darf sie auch nicht die heilige Heldenstadt Leningrad betreten. Aber sie tut es eben doch. Jede Woche muß ich sie dort ein paarmal auf einer Polizeidienststelle auslösen, jedesmal muß ich dafür zahlen. Aber ich kann sie nicht ändern; ich kann sie doch deshalb nicht zum Teufel schicken! – Erst Wochen nach diesem Besuch kehrte langsam wieder normales Leben im Betrieb ein.

Ganz normal aber verhielten sich die Kinder unserer Mitarbeiter. Die hatten inzwischen herausgefunden, daß man immer ein Bonbon in der Hand hatte, wenn man am Morgen den »Djadja Alfred« begrüßte. Nach einiger Zeit aber stellte ich fest, es hielten sich doch einige fern von mir – schielten allerdings sehnsüchtig herüber, wenn die anderen mich begrüßten. »Warum kommen die nicht zu mir?« »Die dürfen nicht!« »Warum nicht?« »Ihr Papa hat es ihnen verboten!« »Und wer ist ihr Papa?« »Der Kapitän Smirnow.« Aha, unser Blauer! »Sagt denen, dem Papa muß man natürlich folgen. Aber ich lege ihnen ihre Bonbons da hin. Wenn ich weg bin, können sie sie holen – oder ihr bringt sie ihnen!«

Natürlich konnte der Blaue solche »Annäherung an den Feind« nicht dulden. Er hatte ja immer wieder Ärger mit uns. Einmal besonders: Da war im Sommer ein Kamerad abgehauen. Der hatte sogar noch sein »Reisegeld« bei einigen Kameraden zusammengeklaut. Große Aufregung, lange Ansprachen beim abendlichen Zählappell. Der Blaue war so nervös, daß wir daraus schlossen, der hat seinen Anpfiff von der nächst höheren Dienststelle bekommen, weil er in der ihm aufgetragenen Umerziehung nicht seine Norm erfüllt hatte. Es hieß öfter mal, der Kamerad sei auf der Flucht gestellt und erschossen worden. Das glaubten wir natürlich nicht. Wenn die ihn tatsächlich schnappen, dann bringen sie ihn als »Beweisstück« her – tot oder lebendig.

Und so war es dann auch. Der Kamerad hatte es fertig gebracht, mit verschiedenen Eisenbahnen bis zum Kaukasus durchzukommen. Dort aber, in der Nähe der Grenze, war es aus, da standen sie »Schulter an Schulter«. Eines Abends kam ein »Oberblauer« aus Leningrad. Das ganze Lager mußte antreten. Der Oberblaue stand vor der Front und rückte, was wohl die Wichtigkeit seiner Botschaft ankündigen sollte, die ominöse Mütze mehrmals in den Nacken und wieder auf die Nase. Schließlich ließ er den entlaufenen Kameraden vorführen – mit gefesselten Händen! Ich mußte dolmetschen: »Dieser Mensch hat eine ›Pristuplenie‹, ein Verbrechen begangen!« Ich übersetzte: »Dieser Kamerad hat eine Dummheit begangen!« Er brüllt mich an: »Ich haben gesagt ein ›Verbrechen‹ nicht ›Glupost‹ – und darum ist dieser Mensch nicht Kamerad, sondern Verbrecher!« – »Dann sagen Sie das bitte selbst, Sie sprechen ja gut genug Deutsch!« »Nein, Sie übersetzen – aber richtig! Dieser Verbrecher hat ja sogar seine Kameraden bestohlen! Was sagt ihr dazu?« Ein Kamerad meldete sich mutig zu Wort: »Wenn der Kamerad uns gesagt hätte, daß er fliehen wollte, dann hätten wir zwar auch gesagt, das sei eine Dummheit. Aber wir hätten Geld gesammelt und ihm mehr mitgegeben, als er gestohlen hat!« Ein anderer wollte wissen: »Warum ist unser Kamerad gefesselt? Nach der Genfer Konvention dürfen Kriegsgefangene nicht gefesselt werden!« Der Oberblaue kam sichtlich in Verlegenheit und fing zu schreien an: »Wir mußten ihn doch fesseln, sonst hätte er womöglich auch uns noch beklaut!« »Na gut, aber hier im Lager sind Fesseln nicht nur überflüssig, sondern verboten! Wir verlangen, daß die Fesseln abgenommen werden!« Und tatsächlich, er nahm die Fesseln ab, dabei murmelte er so etwas wie: »Ihr seid alle Faschisten!« Das wollte er aber nicht übersetzt haben. Jedenfalls hatte er die Lust an diesem großen Auftritt verloren. Er ließ wegtreten, nicht ohne uns zu versichern, der »Verbrecher« werde noch vor ein Gericht gestellt, wo er sich verantworten müsse für die übrigen Verbrechen, die er noch unterwegs begangen habe. Wie zu erwarten war, wurde nach einiger Zeit verkündet, er sei zu lebenslanger Haftstrafe im Kettenlager Workuta verurteilt worden. Nach einigen Wochen wurde er aber im Stammlager Sestrorezk entdeckt!

Anja langweilte sich bei der Arbeit – und sang ihre Liebeslieder. Ob ich denn verheiratet wäre, wollte sie wissen – und warum nicht. Gelegentlich hatte ich ihr schon erzählt von der Lola in Leningrad – wahrscheinlich wollte ich anregen, daß sie sich in ähnlicher Weise »nützlich« machen könnte. Das wollte sie zwar nicht, aber sie bot mir an, Lola einen Brief zu überbringen – und eventuell Antwort zurückzubringen. Da mußte ich aber erst noch einige Bedenken überwinden. Inzwischen schaute sich Anja in der Umgebung nach möglichen Freunden oder Männern um. Gar zu groß war die Auswahl ja nicht. Aber was ich denn von dem Elektriker Wanja halten würde? »Na ja, ins Bett würde der schnell mit dir gehen, aber ob er ein zuverlässiger Partner sein würde?« »Ja, das ist es ja eben. So etwas findet man unter Russen nur sehr schwer. In der Ukraine wäre es auch schwer, aber nicht so unmöglich.« Wollte sie mich etwa eifersüchtig machen? Jedenfalls hatte sie ein Brieflein für Lola mitgenommen und es ihr persönlich überbracht. Am kommenden Sonntag könne sie eine Antwort für mich abholen. Noch war ich nicht sicher, ob es überhaupt richtig war, Lolas Adresse preiszugeben – und sie damit womöglich erpressbar zu machen. Aber die Antwort fiel dann so liebenswürdig aus, daß ich einen Briefwechsel durchaus in Erwägung zog. Davon riet mir allerdings Anja sehr ab. Sie hatte sich mit Lola offensichtlich ausgiebig über mich unterhalten. Sie meinte schließlich: »Sie dürfen mit diesen Dingen nicht spielen! Jeder andere kann sich das leisten, denn man glaubt ihm schon im voraus nicht. Ihnen aber müßte man glauben, und das Ende wäre tiefer Schmerz! Versprechen Sie mir, nie mehr einem Mädchen so nahe zu treten. Sie meinen es gut, aber Sie schlagen tiefe Wunden!«

Lolas Brief im Original aufzubewahren, wagte ich nicht. Und selbst in meinem Tagebuch bewahrte ich ihn nur in Übersetzung auf: »... Nikogda ja bolsche sluschila takie milie slowa: ›Mein liebes, liebes Schwesterchen!‹ (Und nie mehr hörte ich so liebe Worte. Mein liebes, liebes Schwesterchen.) Aber Du sollst dich nicht grämen darüber! Du hast mir so viel Glück gebracht im Laufe dieser wenigen Wochen. Ich durfte an Deiner Seite sein, und wie Du mit starker Hand Deine Kameraden geführt hast, so konnte auch ich mithelfen, das Leben in der Gefangenschaft zu erleichtern. Ich fühlte mich glücklich, weil Deine Kameraden, obwohl sie älter waren als wir, auf uns schauten wie auf Vater und Mutter.

Jetzt wirst Du bald in Deine Heimat fahren. Ich wünsche Dir alles Gute. Ich will, daß Du glücklich wirst, das heißt, daß Du vielen Menschen so helfen kannst, wie Du mir geholfen hast. Bald wirst Du Deinen Papa und Deine Mama sehen. Ich freue mich mit Dir! Aber Du verzeih, daß ein kleines Herz niemals wird verstehen können, daß es niemals und niemals mehr ausruhen darf an Deiner Schulter. Du gehe glücklich von hier fort. Aber vergiß niemals, daß immer an Dich denken wird Dein Schwesterchen Lola.«

Nach einiger Zeit muß dann Anja doch zu der Überzeugung gekommen sein, daß wir uns zu nahe gekommen waren. In ihrer Angst heiratete sie von einem Tag auf den anderen dann doch diesen jungen Elektriker Wanja, von dem sie mir noch wenige Tage vorher sagte, er sei einer wie alle anderen – »lieben kann ich ihn nicht!« Ich versuchte zu retten, was noch zu retten war, d. h. ich versuchte es ihr leichter zu machen, indem ich anfing, nur noch zu scherzen. Was zwischen uns vorgefallen war, war so harmloser Natur, daß ich nicht im Entferntesten an eine Gefahr dachte. Sie allerdings sagte einmal: »Eigenartig, Sie bringen mir so viele neue Dinge, über die ich noch nie nachgedacht habe. Ich glaube, da liegt eine ganze Welt, die ich noch nicht kenne. Ich muß doch langsam einsehen, daß Sie den richtigen Beruf erwählt haben. Sie verstehen es einfach, sich in Menschen hineinzudenken.«

Die Lohnverrechnungen liefen dank der guten Zusammenarbeit mit unseren Aufsehern und dank der Mithilfe meiner »Chefin« Anja recht vorteilhaft. Aber da kam eines Tages ein neuer Arbeitsminister, ein Oberleutnant, der sich vorstellte und seine Zuständigkeit erläuterte. Alle Abrechnungen gingen durch seine Hand. Und er hat sie sich verdächtig genau angesehen. Anja und ich warfen uns bedeutsame Blicke zu. Beanstandet hat er zwar nichts, aber sammelte der womöglich ein Sündenregister an? Das mußte unbedingt getestet werden. »Herr Oberleutnant, ich habe da eine Schwierigkeit. Ich kenne mich nicht aus mit Abrechnungen für Mechaniker. Nun haben wir da zwei Mechaniker, von denen der störungsfreie Lauf vieler Maschinen abhängt. Weder Anja noch ich kennen uns da so richtig aus. Manche Arbeiten können wir gar nicht abrechnen, weil uns die entsprechenden Kenntnisse und auch die Normbücher fehlen. Aber wenn die beiden nicht einen guten Verdienst bekommen, dann finden sie vielleicht die Pannenursachen nicht, oder sie brauchen ewig lange für die Reparatur. Bisher haben wir ihren Verdienst aufgebessert – ich muß Ihnen das gestehen – mit Arbeiten, die sie gar nicht gemacht haben. Möglicherweise ist Ihnen das schon aufgefallen!« – Er schaute mich lange und durchdringend an, lächelte und sagte schließlich »Machen Sie weiter wie bisher! Solange Sie nicht mehr übertreiben, lassen wir das durchgehen!«

Ein wirkliches Problem brachte ein »Ukas von weit oben«: Bei allen Metall- und Elektroarbeitern sind 13 % vom Monatslohn zu streichen! Wieder ging ich in meiner Not zu meinem Oberleutnant. »Na, Sie werden sich doch da zu helfen wissen! Es muß nur ersichtlich sein: 13 % = ... Rubel ›lt. Ukas vom ...‹ gestrichen. Die Endsumme braucht deshalb nicht niedriger zu sein als bisher!« So macht(e) man das in der Sowjetunion! Und das sicher nicht nur auf unserer Baustelle. Nur, wie eine

Volkswirtschaft so auf Dauer existieren kann? Doch das ist ja nicht unsere Sorge!

Dann aber kam doch bald die große Wende: *Skora damoi!*

Kapitän Alyschew ließ mich rufen und begrüßte mich freudig: »Skora damoi!« »Lieber Kapitän, erzählen Sie mir etwas von schönen Frauen oder sonst etwas. Aber *Skora damoi* höre ich nun seit 4 ½ Jahren: Ich kann's nicht mehr hören!« »Doch, doch, da schauen Sie, gerade ist der Prikass angekommen!« Und er drückte mir tatsächlich ein Schriftstück in die Hand mit dem Inhalt: Es beginnt die große Entlassungsaktion für unseren Lagerrajon Sestrorezk. Im September geht der erste Transportzug.

Es ist ein Wettbewerb auszuschreiben: Wer im Monat August von den »Spezialisten-Brigaden« 150 % Arbeitsleistung erbringt und von den »schwarzen (ungelernten) Brigaden« 120 %, der wird bei dem ersten Transportzug dabeisein. – Dann aber der Pferdefuß: Vom Lager Sapernaja sind 50 Mann vorgesehen – von 1000 Insassen! –

Alyschew war voll begeistert: »So deutlich und klar war noch nie von Entlassung gesprochen worden! Es muß also sofort eine große ›Sobranije‹, eine Lagerversammlung, abgehalten werden, in der dies bekanntgemacht und ermutigt wird zum Mitmachen!« Mich aber störten diese 50 Mann, die in diesen Genuß kommen sollten: Es waren doch bei uns kaum weniger, die Monat für Monat solch eine Glanzleistung schafften. Also wäre es doch sinnvoller, gar nichts zu sagen, denn einmal ist das für uns kein wirklicher Anreiz, zum anderen könnte nur herauskommen: Der Kapitän Alyschew lügt uns genau so an wie alle übrigen!

Da hatte ich natürlich – bewußt! – die empfindlichste Stelle des Kapitäns getroffen! Ja, wieviel ich denn schätzte, daß da mitmachen könnten? »Versprechen kann ich da gar nichts. Denn zunächst werden alle sagen: Wir sind schon so oft angelogen worden! Seit 4 ½ Jahren gängelt man uns schon mit *skora damoi*. Immer hat man uns dann mit verlogenen Argumenten abgespeist! Wenn diese Aktion überhaupt einen Anreiz darstellen sollte, dann müßte garantiert werden: mindestens bis zu 250 Mann! Wenn jeder 4. Mann im Lager sich eine Chance ausrechnen kann, dann wird man zum mindesten mal ernsthaft überlegen und prüfen. Trotzdem werde ich persönlich nur sagen: ›So wird es uns versprochen – ich kann nichts garantieren!‹« »Ja, aber Sie können sagen: Kapitän Alyschew garantiert uns persönlich mit seinem Offiziersehrenwort, daß bis zu 250 Mann entlassen werden!« »Lieber Kapitän, dazu müßte ich eine schriftliche Zusage Ihrer vorgesetzten Dienststelle in Ihrer Hand sehen, wo mit Brief und Siegel die 250 Mann bestätigt wurden! Denn ich muß doch wohl annehmen, daß auch Sie nicht zum ersten Mal in Ihrem Leben belogen wurden!« Das sah er ein. Gut, ich sollte die Sache mal mit den Brigadieren besprechen – die Antifa sollte mich dabei unterstützen! Bis morgen Abend würde er aus der Hauptverwaltung ein entsprechendes Papier vorweisen können! Auf die Mithilfe der Antifa möchte ich lieber verzichten, das würde unserer Glaubwürdigkeit nicht nützen. »Kapitän Alyschew klingt da glaubhafter!«

Ich bat die Brigadiere zu Willi und zu mir. Bei einigen waren schon Gerüchte von der neuen Situation aufgetaucht. Mein Einwand bei Alyschew wegen der geringen Anzahl wurde bestätigt. Die Schwierigkeit war nur: War es sinnvoll, die Männer zu animieren, an diesem Wettbewerb teilzunehmen? Vor allem aber auch, welche Brigaden waren an einer solchen Steigerung der Leistungen interessiert – und wer konnte den Erfolg garantieren? In Frage kamen nur solche Brigaden, die jetzt schon Arbeitsleistungen um 100 % erbrachten – wie auch immer. Denen wollten wir dann vorschlagen, sie sollten sich anstrengen, 110 % zu schaffen, der Brigadier hatte in Verhandlung mit den Aufsehern noch einmal 20 % dazuzuschaffen; den Rest würde dann der Normirowtschik mit weiteren 30 % beisteuern. Dies sollte für die Spezialisten-Brigaden gelten – für die anderen entsprechend weniger. Kapitän Alyschew brachte tatsächlich ein solches Papier, dem ich allerdings weniger vertraute als ihm selbst.

Meine Aufgabe war es nun, jeden Abend auf der Wandzeitung die entsprechenden Prozentzahlen einzutragen. Das mußte natürlich über den Daumen geschätzt werden, denn es war ja völlig unmöglich, dies Tag für Tag zu berechnen. Bald merkte ich, daß meine Rechnung nicht aufgehen konnte. Da mußte ein lohnendes Objekt her! Mit Willi und einigen Brigadieren besprachen wir, den im Aufbau befindlichen Kartoffelbunker dafür zu verwenden. Warum nicht die grob behauenen Fichtenstangen »verwechseln« mit den zugesägten, behobelten und desinfizierten Balken, Brettern und Leisten vom feinen Hausbau? Natürlich wurden all die Vorarbeiten auch noch verrechnet. Das gab Prozente – und half auch den Brigaden in Verzug auf. Nachdem mir Kapitän Alyschew glaubhaft versichert hatte, daß ich auch mit entlassen würde, brauchte ich ja keine nachträgliche Kontrolle mehr zu fürchten. Auch als ich ihm versicherte, daß bei meiner Entlassung nicht nur die zurückbleibenden Kameraden nichts mehr verdienten, sondern auch das Lager weniger Einnahmen haben würde, meinte er »Nitschewo, das Lager wird ohnehin aufgelöst!« – Tatsächlich bekamen die zurückbleibenden Kameraden keinen Rubel mehr zu sehen. Aber soweit mir bekannt, wurden die letzten im Januar 1950 entlassen.

Zu meinem Glück fehlte nur noch die Gewißheit, daß auch Hermann zu den Heimkehrern gehören würde. Ich mußte darum »noch mal schnell nach Sestrorezk« – und tatsächlich, er war auch vorgesehen! Dann aber hatte ich alle Hände voll zu tun mit meinen Abrechnungen, dem Offenlegen und noch mehr mit dem Tarnen. So vergingen die letzten Tage im Flug – entsprechend habe ich auch fast überhaupt keine Erinnerung mehr an das, was sich an freudigen Dingen abspielte. Man lebte ja schon ein Stück voraus!

Sehr wohl aber erlebe ich die Freude dieser Tage immer wieder neu, wenn in meinem Brevier der Psalm 126 an der Reihe ist:

Als der Herr das Los der Gefangenschaft Zions wendete,
Da waren wir alle wie Träumende.

Da war unser Mund voll Lachen
Und unsere Zunge voll Jubel.
Da sagte man unter den anderen Völkern,
»Der Herr hat an ihnen Großes getan.«
Ja, Großes hat der Herr an uns getan,
Da waren wir fröhlich.
Die mit Tränen säen
Werden mit Jubel ernten.
Sie gehen hin unter Tränen
Und tragen den Samen zur Aussaat.
Sie kommen wieder mit Jubel
Und bringen ihre Garben ein.

Damals ahnte noch keiner, daß wir tatsächlich einmal – nach einem halben Jahrhundert – »wiederkommen und die Garben bringen« würden, Garben der Liebe und der brüderlichen Hilfe für die Menschen, die uns damals trotz eigener Not so sehr geholfen haben.

Spasibo matuschka – Danke, Mütterchen!

Kapitel 11

Tagebuch

»Tagebuch in russischer Gefangenschaft«? Das dürfte es doch wohl kaum gegeben haben. Der normale »Wojna Plenni« hatte doch weder Papier noch Schreibstift, weder Zeit noch Lust für solchen Luxus. Man war doch froh, wenn man nach der Tagesarbeit, nach Zählappell und Abfütterung sich müde und zerschlagen auf seine Pritsche werfen konnte. Außerdem bekam man doch oft genug zu hören, daß es strengstens verboten sei, Geschriebenes oder Gedrucktes in die Heimat mitzunehmen.

Auch ich kam auf diese verrückte Idee erst im Jahre 1947, als ich »Pisar«, Schreiber, auf dem russischen Büro im Roten Haus in Sestrorezk wurde. Da hatte auch ich erstmals Papier, Stifte, vor allem aber Zeit. Dabei fand ich die Tagesabläufe durchaus nicht so interessant, daß es sich gelohnt hätte, sie festzuhalten. Nein, angeregt wurde ich durch die *Bekenntnisse* des Augustinus, die sich in unsere Lagerbibliothek verirrt hatten. Die Art, wie Augustinus hier seine Gebete und Gespräche mit Gott festhielt, wie er vermutlich sich auch zwang, sonst flüchtige Gedanken auszuformulieren, um sie vor den Augen Gottes ausbreiten zu können, das imponierte mir gewaltig. Zumal ich bei mir selbst feststellen mußte, wie die ausschließlich auf das Essen ausgerichteten Gedanken auch das Gespräch mit Gott doch immer primitiver und leerer werden ließen.

Zunächst war es einfach eine Spielerei, so etwas zusammenzuheften, was dann aussah wie ein Büchlein. Fast verlegen oder wie ein Probelauf nehmen sich die ersten Eintragungen aus: Selbstgespräche und allgemeine Erörterungen über die Auswirkungen der Massen-Arbeitstier-Haltung auf die Psyche des einzelnen, wie auf die der Massen. Schüchterne Fragen über den Sinn des Ganzen, über die Ursachen dieses Malheurs, über Mitverschuldung oder auch Freispruch, weil der einzelne doch gar nicht anders konnte als mitzulaufen. Sind wir also nur Sand unter den Rädern einer ungeheuren Maschinerie, der immer wieder neu zertreten und zerrieben wird bis zur amorphen und anonymen Masse?

Als ich jetzt, nach einem halben Jahrhundert, erstmals mich mit diesem Büchlein befaßte, ja stellenweise geradezu entziffern mußte, staunte ich doch, wieviel aus der Gedankenwelt Schönstatts auch in der Gefangenschaft bei mir noch lebendig geblieben war. Wenn ich später das meines Erachtens überzogene Sendungsbewußtsein (vor allem wegen seiner Ausschließlichkeit) auch über Bord warf, so mußte ich hier zu meinem Erstaunen feststellen, wie sehr manche Gedanken und Vorstellungen mir doch inneren Halt und damit auch Kraft für den Alltag gegeben haben. Über Selbstheiligung (einer dieser umstrittenen Begriffe) dachte ich später anders, gelockerter, froher. Aber es war ja wohl kein großer Fehler, wenn wir früher in der Gruppe, jeder für sich, seine Vorsätze schriftlich festhielt, überprüfte, benotete und sozusagen in einer Fieberkurve am Ende des Monats sich selbst – oder auch dem Seelenführer als Rechenschaft vorlegte. Von dieser Haltung her war es mindestens verständlich, wenn ich mir eines Tages heftige Vorwürfe darüber machte, daß ich über mein Essen, vor allem über das Brot, herfiel wie ein »hungriger Wolf«. Deshalb lag dann ja auch der Gedanke nahe, daß der Dank nicht vergessen werden sollte an den, der »mir den Tisch bereitet im Angesicht meiner Feinde« (vgl. Ps. 32).

Ja, das »Schönstättische Sendungsbewußtsein« hatte ich schon so sehr interniert, daß ich in schwierigen Lagen und Glaubensschwankungen immer wieder das große Ziel sah: *Introibo ad altare Dei!* (»Ich will zum Altar Gottes treten« – aus dem Eingangspsalm jeder damaligen Eucharistiefeier). Auch in Gesprächen, die ich im Tagebuch mit meiner Mutter führte, etwa wenn ich mit ihr durch unseren Garten ging und bei den einzelnen Blumen und Beeten stehen blieb, oder auch – was ich sehr häufig tat – sie begleitete in die Kirche und im Gebet neben ihr kniete, da konnte ich zu ihr sagen: »Nicht wahr, Mütterle, du weißt längst, *daß ich in dem sein muß, was meines Vaters ist«* (vgl. Lukas 2,49).

Aber das Sendungsbewußtsein war nicht nur Zukunftsmusik, die den tristen Alltag womöglich überdröhnte. Je lebensgefährlicher meine Arbeit als »Normirowtschik«, als Lohnrechner, wurde, um so größer war die Gefahr, einmal erwischt zu werden. Immer frecher wurde ich ja mit meinen Schwindeleien, mit Verrechnung von Arbeiten, die nie ausgeführt wurden. Wie leicht konnte das mal schiefgehen. Dann war mir als Saboteur am sozialistischen Aufbau Sibirien für den Rest meines Lebens sicher! – Ein Kamerad, der einmal wochenlang eine russische Richterin von einer Verhandlung zur anderen fahren mußte, erzählte mir, wie seine Chefin in Fünf-Minuten-Verhandlungen Russen, die nach unserer Einschätzung nur Mundraub begangen hatten, zu 10 oder 15 Jahren und in schwereren Fällen auch zu 25 Jahren verurteilte. Wenn man so schon mit Russen umging – warum mußte gerade ich solche riskanten Sachen machen? Und wenn's mal schiefginge, würde mir der Dank der Kameraden genau so sicher sein, wie jetzt der Dank des Vaterlandes. Schon oft irritierten mich solche Gedanken. Wie ruhig hätte ich es doch gehabt als Schütze A im fünften Glied!

Immer wieder rief mich mein Sendungsbewußtsein auf meinen Posten zurück: Hier ist dein von Gott zugeteilter Platz, hier deine Aufgabe! *Hic Rhodos, hic salta!* klang mir eine Predigt unseres Rektors Haberkorn nach. Ein antikes Großmaul gab an, andernorts große Leistungen vollbracht zu haben. »Hic« und nicht sonstwo bist du gefordert!

Dabei war in der Schönstatt-Bewegung, und nach und nach auch in unserer Gruppe die Entwicklung schon weitergegangen. Als die Nazis 1938 alle kirchlichen Jugendgruppen verboten, war bei uns die Parole ausgegeben worden: »In die Katakomben – und dort weitermachen!« – Auf einer Gruppenfahrradtour nach Schönstatt im August 39 erlebten wir dauernde Bespitzelung und feindselige Beobachtung. Es wurde also ernst!

Als der Krieg dann ausbrach, wurde, vor allem für die Soldaten, die Anregung ausgegeben, Gott die »Blankovollmacht« für ihr Leben zu übergeben. Wie im Wort Marias: »Dein Wille geschehe«, sie sich selbst ganz und gar in die Verfügung Gottes gab, so wurde empfohlen, Gott das eigene Leben anzubieten, wenn das für das Volk und/oder die Kirche gefordert werden sollte. Jeder sollte das persönlich für sich entscheiden, ob er einen solchen Entschluß fassen – und ob er ihn seinem Seelenführer mitteilen wollte. Ich selbst habe das getan – im Wissen, daß die beiden, die vor mir die Schönstatt-Gruppe geleitet haben, Anton Sauer und August Bauer, gefallen waren –, ihre Blankovollmacht war also angenommen worden!

Einen breiten Raum – wie in meinem Denken – nahm die Frage ein, ob es denn nicht im Sinne unseres Herrn und Meisters gewesen wäre, wenn wir – notfalls ich als Laie – über Brot und Tee (oder auch Wasser) die Worte des Herrn sprechen würden: »Nehmet hin und esset und trinket, das ist mein Leib, mein Blut.« Im Konvikt hatte man uns aus einem Buch über den spanischen Bürgerkrieg vorgelesen, wie ein Priester an einem Wirtshaustisch sich mit Freunden traf und dabei leise über Brot und Wein diese Worte sprach und so mit seinen Freunden kommunizierte! Wobei seine Spitzel am Nebentisch keinen Verdacht schöpften. Freilich, das war ein Priester, und bei uns waren keine geweihten Priester mehr da, als wir endlich diese Möglichkeit hatten. – Aber warum taten das nicht die evangelischen Brüder, die hatten doch Pfarrer? Die Erklärung, die man mir gab, war eigentlich einleuchtend: Bei uns ist das Abendmahl nicht so sehr Mittelpunkt. Und es ist doch derselbe Herr, der mitten unter uns ist, wenn wir in seinem Geist beisammen sind (vgl. Matth. 18,20).

Noch heute bin ich überzeugt, der Herr hätte nichts dagegen gehabt, auch unter diesen Zeichen und unter solchen Umständen, uns sein Dasein, seine Liebe zu schenken. Ist es arg ketzerisch, wenn ich denke, daß Christus im Abendmahlsaal mit *Transsubstantiation* (Wesensverwandlung) genau so wenig Schwierigkeiten hatte wie ich als katholischer Priester in bald 50 Jahren am Altar!

Über die Frage, ob der Priesterberuf wirklich mein Ziel sei, gab es in diesem Büchlein keine Erörterung – allenfalls gelegentlich eine Bestätigung oder eine kleine Kurskorrektur im alltäglichen. Sehr wohl aber habe ich mich mit der Frage der Berechtigung des Zölibats auseinandergesetzt – wie schon seit vielen Jahren! Mehrmals habe ich versucht, vorurteilsfrei das Pro und Contra gegenüberzustellen. Auf dem Papier fehlt jedesmal die *Conclusio,* nicht aber in meinem Denken und in meinem Beten! Damals wußte ich noch nicht, auf welch zweifelhafte Weise dieses Gesetz – und das erst im Jahre 1139 – zustandegekommen war. In mir schwang noch immer die Antwort meines Freundes und Religionslehrers Adolf Haberkorn nach: »Die bessere Idee hat sich eben mit der Zeit durchgesetzt!« Er war wohl dieser Überzeugung, glaubte es sein zu müssen. Mich hat das nie überzeugt!

Ja, mir leuchtete das immer weniger ein – je länger und tiefer ich die Liebe meiner Freundin Elisabet erfahren durfte. Das brachte so viel Neues, so viel Leben in mein Dasein, daß ich mir einfach nicht vorstellen konnte, daß der gute Gott mich solches nur erleben läßt, um es mir dann mit letzter Grausamkeit wieder wegzunehmen. Ja, Er selber wurde doch durch diese Erfahrung ein ganz anderer als der, den ich bisher verehrte – und fürchtete. Ich, nein wir durften lebendig erfahren: »Gott ist die Liebe« (1. Joh. 4,16) –, und diese Liebe wurde so vital, so dynamisch, so farbig und so – ja einfach göttlich! Bei all dem blieb Elisabet fest in der Überzeugung, daß dies und nur dies mein Beruf sein könne. Noch erstaunlicher für mich war ihre Überzeugung: Wenn die Kirche so entschieden hat, dann ist das richtig! In mir aber bildete sich mehr und mehr die Überzeugung, was würden wir beiden zusammen für ein gutes Gespann werden: Sie als Ärztin, ich als Seelsorger! Ein gewaltiger Konflikt war da vorprogrammiert!

Mit der Zeit wurde dieses Büchlein als immer bereiter Gesprächspartner mir so lieb und teuer, daß ich anfing zu überlegen, wie könnte ich es doch – trotz aller Drohungen – einmal mit in die Heimat bringen. Ich besprach das mit Fritz Kircher. Der Handwerksmeister wußte guten Rat: Doppelter Boden ist zu leicht zu entdecken. Nein, wir bauen einen Holzkoffer, stemmen von unten her in die Randbretter Ritzen, in die dann die Blätter fest hineingestampft werden müssen. Es darf auch beim Abklopfen kein Hohlraum zu vermuten sein! Das Sperrholzbrett des Bodens wird dann angeleimt und angenagelt. So wird das gehen.

Und es ging. Bei der großen Filzung in Brest-Litowsk veräppelte ich noch den Sergeanten, der meinen Koffer untersuchte. Er hatte nur außen gemessen. »Warum messen Sie nicht auch innen? Da könnte doch ein doppelter Boden sein – und dazwischen womöglich Pläne für eine Atombombe!« »Na bitte, wenn Sie so großen Wert darauf legen, kann ich auch innen messen, obwohl ich sofort gesehen habe, daß da kein doppelter Boden ist.« »Ja, ich lege wirklich Wert darauf, daß jeder ordentlich seine Pflicht tut – das hat man von mir ja auch fünf Jahre lang verlangt!«

Letzter Eintrag am 4. August 1949:

»So, und nun, mein liebes Tagebuch, nun wirst du einige Tage im Dunkeln liegen. Und wenn ich dich wiedersehe, dann sind wir beiden zuhaus! Weißt du, was das heißt ›zuhaus‹?«

Vorgestern bekam ich endgültigen Bescheid, daß ich auch auf der Heimkehrerliste stehen würde. Die darauf folgende Nacht konnte ich keinen Schlaf finden. Immer wieder fand ich mich zuhause wieder!

Gestern gelang es mir nochmals nach Sestrorezk zu kommen. Zu meiner großen Freude durfte ich erfahren, daß auch Hermann mitfahren wird. Das wird eine Freude geben! Ich kann es gar nicht mehr erwarten: Mutter, Vater, Engelbert, Rita, breitet die Arme aus; nur noch wenige Tage trennen uns! Gebe Gott seinen Segen!«

Zu diesem Tagebüchlein paßte auch noch ein Heftchen mit einer Zitatensammlung in das geheime Versteck. Dazu noch zwei Karten von Elisabet und eine von meiner Mutter.